English-Kirundi Dictionary

Kirundi-English

first edition 2010

ISBN is 1451590334 and
EAN-13 is 9781451590333

by A.H. Zemback

Contents

Subject	English	Kirundi
month	January	Nzero
month	February	Ruhuhuma
month	March	Rubungubungu
month	April	Gacabiraro
month	May	Rusama
month	June	Ruheshi
month	July	Mukakaro
month	August	Myandagaro
month	September	Nyakanga
month	October	Gitugutu
month	November	Munyonyo
month	December	Kigarama
day of week	Sunday	kuw'Imana
day of week	Monday	kuwa mbere
day of week	Tuesday	kuwa kabiri
day of week	Wednesday	kuwa gatatu
day of week	Thursday	kuwa kane
day of week	Friday	kuwa gatanu
day of week	Saturday	kuwa gatandatu
numbers	0 (zero)	zero
numbers	1 one	rimwe
numbers	2 two	kabiri
numbers	3 three	gatatu
numbers	4 four	kane
numbers	5 five	gatanu
numbers	6 six	gatandatu
numbers	7 seven	indwi
numbers	8 eight	umunani
numbers	9 nine	icenda
numbers	10 ten	icumi
numbers	11 eleven	icumi n'umwe
numbers	12 twelve	icumi na babiri
numbers	13 thirteen	icumi na batatu
numbers	14 fourteen	icumi na bane
numbers	15 fifteen	icumi na batanu
numbers	16 sixteen	icumi na batandatu
numbers	17 seventeen	icumi n'indwi
numbers	18 eighteen	icumi n'umunani
numbers	19 nineteen	icumi n'icenda
numbers	20 twenty	mirongwibiri

Subject	English	Kirundi
numbers	21 twenty-one	mirongwibiri n'umwe
numbers	30 thirty	mirongwitatu
numbers	31 thirty-one	mirongwitatu n'umwe
numbers	40 forty	mirongwine
numbers	50 fifty	mirongwitanu
numbers	60 sixty	mirongwitandatu
numbers	70 seventy	mirongwirindwi
numbers	71 seventy-one	mirongo indwi na rimwe
numbers	72 seventy-two	mirongo indwi na kabiri
numbers	73 seventy-three	mirongo indwi na gatatu
numbers	74 seventy-four	mirongo indwi na kane
numbers	75 seventy-five	mirongo indwi na gatanu
numbers	76 seventy-six	mirongo indwi na gatandatu
numbers	77 seventy-seven	mirongo indwi n'indwi
numbers	78 seventy-eight	mirongo indwi n'umunani
numbers	79 seventy-nine	mirongo indwi n'icenda
numbers	80 eighty	mirongwirindwi
numbers	81 eighty-one	mirongo umunani na rimwe
numbers	82 eighty-two	mirongo umunani na kabiri
numbers	90 ninety	mirongwicenda
numbers	91 ninety-one	mirongo icenda na rimwe
numbers	92 ninety-two	mirongo icenda na kabiri
numbers	100 one hundred	ijana
numbers	200 two hundred	amajana abiri
numbers	300 three hundred	amajana atatu
numbers	400 four hundred	amajana ane
numbers	500 five hundred	amajana atanu
numbers	600 six hundred	amajana atandatu
numbers	700 seven hundred	amajana indwi
numbers	800 eight hundred	amajana umunani
numbers	900 nine hundred	amajana icenda
numbers	1000 one thousand	igihumbi
numbers	1500 one thousand five hundred	igihumbi n'amajana atanu
numbers	2000 two thousand	ibihumbi bibiri
numbers	2500 two thousand five hundred	ibihumbi bibiri n'amajana atanu
numbers	5000 five thousand	ibihumbi bitanu
time	When is the meeting?	Inama iba isaha zingahe?
time	What time does your plane leave?	Indege ugendamwo igenda isaha zingahe?
time	At what time?	Isaha zingahe?
time	At 8p.m. (this evening)	Isaha zibiri z'umugoroba.
time	At noon.	Isaha zitandatu.

Subject	English	Kirundi
time	It is 9 a.m.	Ni isaha zitatu.
time	It is 2:30 p.m.	Ni isaha umunani z'umuhingamo.
time	It is 7:15 a.m.	Ni isaha imwe n'iminata cumi n'itanu.
time	It is 10:45 a.m.	Ni isha zine n'iminata mirongo ine n'itanu.
time	today	uyu musi
time	tomorrow	ejo
time	yesterday	ejo
time	soon	vuba
time	right now	nonaha
time	now	ubu
time	morning	igitondo
time	afternoon	umuhingamo
time	evening	umugoroba
time	night	ijoro
time	last week	indwi iheze
time	this week	ino ndwi
time	next week	indwi iza
time	last year	umwaka ukeze
time	this year	uno mwaka
time	next year	umwaka uza
time	one week	indwi imwe
time	two weeks	indwi zibiri
time	one month	ukwezi kumwe
time	two months	amezi abiri
time	three months	amezi atatu
time	four months	amezi ane
time	five months	amezi atanu
time	six months	amezi atandatu
greeting	Good morning.	Bgakeye.
greeting	Good afternoon.	Mwiriwe.
greeting	Good night.	Ijoro ryiza.
greeting	madam	madamu
greeting	sir	bwana
greeting	How are you?	N'amaki?
greeting	How are you?	N'amahoro?
greeting	All is well.	N'amarembe.
greeting	How are you doing?	Ni amaki?
greeting	What's up?	Vyifashe gute?
greeting	What's up? (familiar person)	Gute?
greeting	I'm fine.	N'ameza.

6

Subject	English	Kirundi
greeting	I'm not good.	N'amabi.
greeting	Please.	Ndakwinginze.
greeting	Thank you.	Urakoze.
greeting	Thank you very much.	Urakoze cane.
greeting	Good evening.	Mwiriwe.
greeting	See you tomorrow.	N'ah ejo.
greeting	See you next time/soon.	Turasubira.
greeting	See you...	Tuzobonana...
greeting	Good bye.	Ni agasaga.
greeting	yes	ego
greeting	no	oya
greeting	Not at all!	Eka na mba!
greeting	What is your name?	Witwa nde?
greeting	My name is...	Nitwa...
greeting	Nice to meet you (more than one).	Ndanezerewe no kukubona.
greeting	good	ni vyiza
greeting	Welcome.	Kaze.
greeting	Come on in!	Nimushike!
greeting	Feel at home.	Mwiyumve neza.
greeting	Please sit down.	Ni mwicare.
greeting	Would you like a fanta; cold or warm?	Tubazimane ifanta? Ikanye canke ishushe?
greeting	Here is a straw.	Nguyo umukenke.
greeting	The restroom is over there if you need to use it.	Akazu ka surwumwe kari hariya, hamwe mwagakenera.
greeting	It has been nice visiting with you, I hope to see you again soon.	Vyanezereje gutemberana nawe, nibaza ko tuzosubira vuba.
greeting	Have a good day.	Mugire umunsi mwiza (plural). Ugire umunsi mwiza (singular).
greeting	Have a good evening.	Mugire umugoroba mwiza.
greeting	Have a good night.	Mugire ijoro ryiza.
greeting	Have a good trip.	Mugire urugendo rwiza.
greeting	Excuse me.	Nigiria ikigongwe.
conversation	What is your profession?	Ukora iki?
conversation	How is your family?	Umuryango urakomeye?
conversation	Do you have time?	Urafise umwanya?
conversation	I don't have time.	Nta mwanya mfise.
conversation	No problem.	Nta ngorane.
conversation	I work for...	Nkorera...
conversation	I speak a little Kirundi.	Mvuga ikirundi gikeyi.
conversation	I'm trying.	Ndagerageza.
conversation	I don't understand Kirundi.	Sinumva ikirundi.
conversation	I understand.	Ndabitahura.

Subject	English	Kirundi
conversation	I don't know.	Sindabizi.
conversation	I know.	Ndazi.
conversation	Repeat.	Subiramwo.
conversation	Sorry. (pity)	Mbabarira.
conversation	Sorry. (sympathy)	Urantunga.
conversation	Me, too.	Na jewe.
conversation	You too. (singular)	Na wewe.
conversation	You too. (plural)	Na mwebwe.
conversation	Are you married?	Murubatse?
conversation	Are you single?	Uri umusore?
conversation	I am married.	Ndubatse.
conversation	I am single.	Ndacari umusore (male). Ndacari inkumi (female).
conversation	Do you have children?	Urafise abana?
at the hotel	I want a room with two beds for one night.	Ndakeneye icumba kimwe kirimwo ibitanda bibiri, ijoro rimwe gusa.
at the hotel	How much is the room for one night?	Icumba ni angahe ku ijoro rimwe?
at the hotel	Does the cost of the room include breakfast?	Igiciro c'icumba haba harimwo n'imfungurwa zo mugito ndo?
at the hotel	Is there an internet cafe nearby?	Hareho ahantu umuntu yokoresha internete?
at the market	Can you take me to the market?	Urashobora kuntwara ku isoko?
at the market	How much is this? (cost)	Amafaranga angahe?
at the market	I am looking for...	Nkeneye...
at the market	Do you have...	Mufise...
at the market	What are you looking for?	Ukeneye iki?
at the market	How much does this cost?	Amafaranga angahe?
at the market	That is too expensive (service)	Birazimvye.
at the market	That's too expensive (thing).	Kirazimvye.
at the market	I will not pay that much.	Sinshobora kurika ayo yose.
at the market	I don't have money.	Nta mabera mfise.
at the market	I want 2 kilos of...	Ndakeneye ibiro bibiri vy'...

8

Subject	English	Kirundi
at the market	Where can I buy fabric?	Nogurira hehe igitambara?
at the market	I need a mosquito net.	Ndakeneye umusegetera.
at the market	I want this.	Ndakeneye iki nyene.
drinks	drink (pl. drinks)	ikinyobwa (pl. ibinyobwa)
drinks	drinking milk	amata (imfyufyu)
drinks	yogurt milk	amata (ikivuguto)
drinks	powdered milk	amata y'ifu
drinks	water	amazi
drinks	cold water	amazi akanye
drinks	beer	inzoga
drinks	tea	icayi
drinks	coffee	agahawa
drinks	fruit juice	umutobe 'iivyamwa
food	food	indya
food	fruit	icamwa
food	vegetable	imboga z'ivyatsi
food	avocado	ivoka
food	banana	igitoke
food	bean	igiharage
food	bread	umutsima
food	butter	amavuta
food	cabbage	ishu
food	carrot	ikaroti
food	cassava	umwumbati
food	chicken	inkoko
food	corn	ikigori
food	donut	igitumbura
food	egg	irigi
food	fish	ifi
food	little fish	indagara
food	goat	impene
food	hot chili	ipiripiri
food	meat	inyama
food	onion	igitunguru
food	passionfruit	marakuja
food	pea, peas	ubushaza
food	pineapple	inanasi
food	plantains	imitsinda
food	potato	ikiraya

Subject	English	Kirundi
food	sweet potato	ikijumbu
food	pumpkin	umwungu
food	rice	umuceri
food	salt	umunyu
food	sheep	intama
food	sorghum	ishaka
food	soup	isupu
food	sugar	isukari
food	tomato	inyanya
food	tree tomato	itomati
restaurant	Is smoking prohibited here?	Kirazira kunywa itabi ngaha?
restaurant	Is the internet available here?	Hariho aho umuntu yokoresha internete? ((Ordinateri ingaha?)
restaurant	We need a table for four.	Dukeneye imeza y'abantu bane.
restaurant	It is going to take a while.	Biraza guteba.
restaurant	How long will the wait be?	Ndaza kurindira umwanya ungana gute?
restaurant	Where is the restroom?	Akazu ka surwumwe kari amaja he?
restaurant	May I have a menu?	Mwoshobora kumpa urapapuro ruriko tuyo mudandaza ngaha?
restaurant	I would like a cold fanta.	Ndakeneye ifanta ikanye.
restaurant	I would like a bottle of water.	Ndakeneye icupa ry'amazi.
restaurant	I would like rice, beans and goat meat.	Nkeneye umucere, ibiharage n'inyama y'impene.
restaurant	What does this mean in english?	Iki gisisugura iki mu congereza?
restaurant	Enjoy your meal!	Akayabagu!
restaurant	The food is good.	Izi mfungurwa ni nziza.
restaurant	Can we have the bill?	Mwompa facture?
restaurant	Are you thirsty?	Muranyotewe?
restaurant	I am not thirsty.	Sinyotewe.
restaurant	I am thirsty.	Ndanyotewe.
restaurant	Quench your thirst!	Imare inyota!
restaurant	Have you eaten? (singular)	Wafunguye?
restaurant	Have you eaten? (pleural)	Mwafunguye?
restaurant	Are you hungry?	Murashonje?
restaurant	I am not hungry.	Sinshonje.
restaurant	I am full.	Ndahaze.
restaurant	I am hungry.	Ndashonje.
restaurant	I would like more...	Munyongere...
restaurant	a little, slowly.	bukebuke
restaurant	a lot	vyinshi
restaurant	I would like cold tea.	Ndakeneye icayi gikanye.
restaurant	I would like hot tea.	Ndakeneye icayi gishushe.

Subject	English	Kirundi
money	money	amahera
money	Take me to where I can exchange money.	Njana aho nshobora kuvunjisha amahera.
money	Where is the currency exchange?	Novunjisha hehe?
money	Where is the bank?	I bank iri hehe?
people	white person	umuzungu
people	white people	abazungu
people	black person	umwirabura
people	man	umugabo
people	woman	umugore
people	girl	umukobwa
people	boy	umuhungu
people	my friend	umukunzi wanje
people	family	umuryango
people	my mama	mama wanje
people	your mother	nyoko
people	his/her mother	nyina
people	my papa	data wanje
people	your father	so
people	his/her father	se
people	my wife	umugore wanje
people	my husband	umugabo wanje
people	sister	mushiki
people	my older brother (male talking)	mukuru wanje w'imfura
people	my older brothers (male talking)	bakuru banje
people	my younger brother (male talking)	mutoyi wanje w'umhererezi
people	my younger brothers (male talking)	barumuna banje b'abahererezi
people	my sister (male talking)	mushikanje
people	my sisters (male talking)	bashikanje
people	my older sister (female talking)	mukuru wanje w'imfura
people	my older sisters (female talking)	bakuru banje
people	my younger sister (female talking)	mutoyi wanje w'umhererezi
people	my younger sisters (female talking)	batoyi banje b'abahererezi
people	my older brother (female talking)	musazanje w'imfura
people	my younger brother (female talking	musaza wanje w'umhererezi
people	my child	umwana wanje
people	my children	abana banje
people	your child	umwana wawe
people	his/her child	umwana wiwe
expressions	What did he say?	Avuze iki?
expressions	What did you say?	Uvuze iki?
expressions	Why?	Kuki?

11

Subject	English	Kirundi
expressions	Who? (singular) {Who is this man?}	Inde? {Uyu muntu ninde?}
expressions	Who? (pleural) {Who are these men?}	Bande? {Aba bantu ni bande?}
expressions	When?	Ryari?
expressions	What is this?	Iki ni igiki?
expressions	Where is...?	Hehe?
expressions	but	mugabo
expressions	or	canke
expressions	both	-mpi
expressions	because	kuko
expressions	very	cane
expressions	and	na
expressions	also	kandi
expressions	always	na ntaryo
expressions	never	nta ho
expressions	I am...	Ndi...
expressions	I am not...	Si ndi...
expressions	I want...	Ndashaka...
expressions	I do not want..	Sinshaka...
expressions	I need...	Ndakeneye...
expressions	I do not need...	Sinkeneye...
expressions	I have...	Mfise...
expressions	I don't have...	Simfise...
expressions	I like...	Ndakunda...
expressions	I do not like...	Sinkunda...
expressions	Isn't that so?	Sivyo?
expressions	Is it true?	Nivyo?
expressions	Where is the bathroom?	Umusalani hehe?
expressions	Do you need to go to the bathroom?	Urakeneye kuja muri douche? (Mu bwogera?)
expressions	Bless you.	Hezagirwa.
expressions	It is good.	Ni vyiza
expressions	Truly.	Nankana.
expressions	Listen!	Umviriza!
expressions	Go ahead.	Bandanya.
expressions	I love you.	Ndagukunda.
expressions	What are you saying?	Muvuze iki?
expressions	Talk slowly please.	Vuga buke buke ndabasavye.
expressions	What are you doing?	Muriko mukora iki?
expressions	Who are you looking for?	Urondera nde?
expressions	No one.	Ntanumwe.
expressions	You know.	Murazi.

Subject	English	Kirundi
expressions	This is difficult.	Biragoye.
expressions	This is easy.	Biroroshe.
expressions	I love Burundi.	Ndakunda Uburundi.
expressions	I am tired.	Ndarushe.
expressions	I am happy.	Ndanezerewe.
expressions	Are you happy?	Muranezerewe?
expressions	Happy birthday.	Umunsi mukuru mwiza w'amavuka.
expressions	Be strong!	Guma!
Getting there	Where can I find a taxi?	Noronka hehe i taxi?
Getting there	Where can I find a bus?	Noronka hehe bus?
Getting there	I do not want to ride a motorcycle.	Sinshaka gutwara i moto.
Getting there	Does this bus go to Kibuye?	Iyi bus yoba ija ku Kibuye?
Getting there	When is the next bus to Kibuye?	Iyindi bus ija i Kibuye igenda ryari?
Getting there	How much is the fare to Bujumbura?	Itike yo gushika i Bujumbura ni angahe?
Getting there	Where is this bus going?	Iyi bus ija he?
Getting there	I need a map of...	Ndakeneye indangantara ya...
Getting there	I want to go to this address...	Ndakeneye kuja aha hantu...
Getting there	Where are you going?	Mugiye hehe?
Getting there	I am going to...	Ngiye...
Getting there	Where are you coming from?	Uvuye hehe?
Getting there	Where are you?	Uri hehe?
Getting there	Where do you live?	Mutuye hehe?
Getting there	I live...	Mba...
Getting there	To the city.	Mu gisagara.
Getting there	To the house.	Mu nzu.
Getting there	Let's go!	Tugende!

Subject	English	Kirundi
Getting there	You guys go!	Mugende!
Getting there	I want to go.	Ndakeneye kugenda.
Getting there	I do not want to go.	Sinkeneye kugenda.
Getting there	Where is it?	Ni hehe?
Getting there	Is it close?	Ni hafi?
Getting there	Is it far?	Ni kure?
Getting there	I will tell you which way to go.	Ndakubwira inzira ijayo.
Getting there	Go straight.	Bandanya.
Getting there	Left.	Ibubamfu.
Getting there	Right.	Iburyo.
Getting there	Over there.	Hariya.
Getting there	It is here.	Ni ngaha.
Getting there	It is there.	Ni harya.
Getting there	Stop!	Hagarara!
Getting there	Wait!	Rorera gatoya!
Getting there	You passed my hotel.	Mwarenganye ihoteri yanje.
Getting there	In the room.	Mu cumba.
Getting there	Outside the room.	Hanze y'icumba.
Getting there	Where can I buy a bicycle?	Nogurira hehe ikinga?
Getting there	Where can I rent a car?	Nokotesha hehe umuduga?
Getting there	I am going to the airport.	Ngiye kukibuga c'indege.
Getting there	I am going to work.	Ngiye kukazi.
Getting there	We are going to...	Tugiye...

14

Subject	English	Kirundi
tourism	Where is the travel agency?	Ishirahamwe ritwara abantu riri hehe?
tourism	I want to go to...	Ndakeneye kuja...
tourism	I want to see the gorillas.	Ndakeneye kuraba ingagi.
tourism	How much is a guided tour of the city?	Gutembereza umuntu mu gisagara barihisha gute?
tourism	I would like a guide who speaks english.	Ndakeneye umuntembereza azi icongereza.
tourism	How do I get to...	Umuntu yoshika gute...
tourism	Do you have information...	Mwoba mufise (mwompa) inkuru ku bijanye...
tourism	How much does it cost to see...	Ni angahe kuraba...
tourism	Is there a guided tour to...	Harabaho urugendo rwo getembereza umuntu...
tourism	Please stop the car, I want to take a picture.	Ndagusavye, hagarika umuduga ndakeneye gufata ifoto.
medical phrases	I need a nurse right away.	Ndakeneye umuforomo ubu nyene.
medical phrases	Take me to the hospital.	Ntwara kwa muganga.
medical phrases	I've got a headache.	Ndababara mu mutwe.
medical phrases	I've have a stomach ache.	Ndababara mu nda.
medical phrases	Here is a prescription for my medicine.	Ehe agapapuro k'imiti nandikiwe na muganga.
medical phrases	I want something to treat diarrhea.	Ndakeneye ikintu kivura gucibwamo.
medical phrases	Where is the pharmacy?	Iguriro ry'imiti riri hehe?
medical phrases	Do you have any cipro?	Mwoba mufise cipro?
medical phrases	Can you stop the bus, I think I need to vomit?	Mwoshobora guhagarika umuduga? Numva ngomba kudahwa.
medical phrases	Do not step on that snake, it is poisonous.	Ntuhonyore ivya nzoka, irafise ubumara.
medical phrases	You have a spider on your back.	Hariho igitangurirwa ku mugongo wawe.

parts of speech	english	Kirundi
adj.	a lot	-nshi
verb	abandon, to	guheba; kubaruruka
n.	abdomen	inda
verb	abduct, to	gukura
n.	ability, (to have)	ububasha
verb	able, to be	1. kubasha 2. gushobora
adv.	about (approximately)	nka
adv.	above, on top of	hejuru, ruguru
n.	abscess	igihute
n.	absence	igisibo (pl. ibisabo)
verb	absent, to be	gusiba
adv.	absolutely	rwose
verb	absorb the liquid, to	gukamya
verb	absorbed, to be	kuyonga
verb	abstain, to	gusiba
verb	abundant, to be	kugwira
verb	abuse, to (verbal)	gushinyaguriza
n.	abyss into which one throws criminals (especially young women who smear a family's reputation)	urusumanyenzi
verb	accept, to	kwemera
n.	accident	icyago (pl. ivyago)
n.	accident	icaduka (pl. ivyaduka)
phrase	acclamation, cry of	impundu
verb	accommodate, to	gucumbika
n.	accommodations	iraro
verb	accompany, to (part of the way)	guherekeza
verb	accomplish, to	guheraheza
verb	accumulate, to	kurunda
n.	accusation	ikirego (pl. ibirego)
verb	accuse, to	1. kurega 2. kwagiriza
n.	accuser	umurezi (pl. abarezi)
verb	accustomed, to be	kumenyera
verb	achieve, to; finish, to	guheza
verb	acknowledge, to	kwemera
n.	acquaintance	ubumenyi
verb	acquainted, to be	kumenya
verb	acquire, to	kuronka
verb	acquit someone, to	kuregura

16

parts of speech	english	Kirundi
prep.	across (valley)	hagati
n.	action	igikorwa (pl. ibikorwa)
verb	active, to be	kubanguka
n.	activity	umwete
verb	add, to	kugereka
verb	address, to 1. letter 2. speech	kurungika
verb	adhere, to	kumata
verb	adjacent, to be	kubangikana
n.	administration	leta
verb	admirable, to be	kurangwa
verb	admire, to	gutangarira
verb	admit, to (confess)	kwemera
verb	admit, to (into a place)	kwemera
verb	admonish, to	guhanura
verb	adopt (child)	kurera
verb	adopt (habit)	gutora
n.	adopted father	umurezi (pl. abarezi)
verb	adore, to	gusenga
verb	adorn, to	gushariza
n.	adult male	umuhumure (pl. abahumure)
n.	adult male	umukuru (pl. abakuru)
n.	adulterer	umusambanyi
verb	adultery, to commit	gusambana
verb	advance, to	gutambuka
n.	adversary	umwansi (pl. imyansi)
n.	advice	inama
verb	advise, to	guhanura
n.	advocate	umuvunyi (pl. abavunyi)
n.	affair	urubanza
verb	affect, to	kunyengera
n.	affection	urukundo
verb	afraid, to be	gutinya
adv.	after	inyuma, hanyuma
n.	afternoon	akagoroba
adv.	afterward	hanyuma
adv.	again	ukundi
n.	age, old	ubukuru, zabukuru
verb	agitate, to	kuzungagiza
adv.	ago, long	kera
verb	agonize, to	kwibabaza
verb	agony, to be in	gusamba

parts of speech	english	Kirundi
verb	agree on, to	kubera
verb	agree, to	kwemera
verb	agreeable, to be	guhimbara
n.	agreement	inama
verb	agreement, to be in	gutatuka
verb	agreement, to be in	gukunda
n.	agriculture	irima
adv.	ahead	-bere
verb	aid, to	gufasha
n.	air	ikirere
n.	airplane	indege
n.	albinos	nyamwero
n.	alcohol	inzoga
verb	alert, to be	kuba maso
n.	alignment	umurongo (pl. imirongo)
adj.	alive	-zima
adj.	all, everything	-ose
n.	alliance	isezerano
verb	allow to pass, to	kubisa
verb	allow, to	gukundira, kureka
verb	allude to, to	guhinyika
adv.	almost	hafi
verb	alone, to be	kwiherera
verb	alone, to do	kwigunga
n.	alphabet	iharifu (pl. amaharifu)
adv.	also, again	kandi, na
n.	altar	igitabo
verb	alternate, to	kunyurana
conj.	although	naho
adv.	always	na ntaryo; imisi yose
verb	amass, to	kurundarunda
verb	amaze, to	gutangaza
n.	ambition	amanyama
verb	amends, to make	kuriha
prep.	among	mu, muri
n.	amulet	igiheko (pl. ibiheko)
n., med	anal chancre	umuzimbwe
n.	ancestor	sogokuruza
adj.	ancient	-kuru
conj.	and	kandi; uteko
phrase	And you (plural).	Nawe.

18

parts of speech	english	Kirundi
n.	angel	umumalayika (pl. abamalayika)
n	anger	uburake
n.	angle (corner)	imfuruka
verb	angry, to get	kuraka
n.	anguish	iganya (pl. amaganya)
n.	animal	ubukoko
phrase	animal without horns	inkungu
n.	animal, ferocious	igisimba (pl. ibisimba)
verb	animate, to (a conversation)	kuyaga
n., med	ankle	ijisho ry'ikirenge
verb	announce something, to	kubura
verb	announce, to	kuranga
verb	annoy, to	kwandama umuntu
verb	annoy, to	kugora
verb	annoyed, to get	kuraka
verb	anoint, to	gusiga
adj.	another	-ndi
n.	answer	inyishu
verb	answer when called, to	kwitaba
verb	answer, to	kwishura, gusubiza
n.	ant, red	urutozi (pl. intozi)
n.	ant, white	umuswa (pl. imiswa)
verb	antagonize	gutera
n.	antelope	impongo
n.	antelope, small	ingeregere
verb	anticipate, to	guteganya
n.	antipathy	urwanko
n.	anus	innyo
n.	anxiety	amaganya
verb	anxious, to be	kubuyabuya
n.	ape	inguge
verb	apparent, to be	kugaragara
verb	appear suddenly	kwaduka
verb	appear, to	kuboneka
n.	appearance	akaranga
n.	appetite	inambu
verb	applaud, to	gukoma amashi
n.	application	umwete
phrase	apply oneself, to	kwitondera
n.	appointment	ihuriro (pl. amahuriro)
verb	appreciate, to	gukengurukirwa

19

parts of speech	english	Kirundi
verb	apprehend, to	gusumira
n.	apprehension	amakenga
n.	apprentice	umwiga (pl. abiga)
verb	approach, to	kwegera
verb	approve, to	kwemera
n.	April	ukwezi kwa kane; Ndamukiza; Kaboza-mbuba
n.	apron	itabuliyeri (pl. amatabuliyeri)
n.	arch	umuheto (pl. imiheto)
n.	ardor	igise (pl. ibise)
verb	are (to be)	ni, -ri
verb	argue, to	guharira
n.	argument (dispute)	amahane
verb	arise, to	kuvyuka
verb	arise, to (from dead)	kuzuka
n.	arm	ukuboko (pl. amaboko)
n.	armpit	ukwaha
n.	army	ingabo
verb	around, to go	gukikira
verb	arrange, to	gutumbereza
n.	arrangement	indinganizo
verb	arrest, to	guhagarika
verb	arrive at, to	kwigera
verb	arrive, to	1. kugera 2. gushika
verb	arrive, to; penetrate, to	gushohora
n.	arrogance	amanyama
n.	arrow	umwampi (pl. imyampi)
verb	articulate, to	kwatura
adv.	as	ko, uko, ingene, nk'uko
adv.	as well	na
verb	ascend, to	kuzamuka
verb	ashamed of, to be	gutera isoni
n.	ashes	amanyota
verb	ask (question), to	kubaza
verb	ask for, to	gusaba
verb	ask indiscrete questions, to	kudedemvya
verb	ask oneself, to	kwibaza
n.	assault	igitero (pl. ibitero)
verb	assemble, to	gukoranya
verb	assert a point, to	guhamya
verb	assert, to	kwemera

parts of speech	english	Kirundi
verb	assist, to	gufasha, gutabara
verb	astonish, to	gutangaza
verb	astray, to go	kuzimira
prep.	at	ku, i, kuri, kwa
adv.	at last	aho rero
adv.	at the top	hejuru
verb	attach oneself to, to	kwihambira
verb	attack, to	gusomborotsa
verb	attain, to	gushikira
verb	attempt, to	kugerageza
verb	attempt, to	kugeza
verb	attention to, not pay	gusamara
verb	attention, to pay	kwitondera
verb	attest, to	guhamya
n.	attic	idari
verb	attract, to	gukwega
n.	audacity	ubushirukanyi
verb	augment, to	kwongera
n.	August	Myandagaro, kuwezi kwa munani
n.	aunt, my (father's sister)	masenge
n.	aunt, my (mother's sister)	mama wacu
verb	auscultate, to	gusuzuma
n.	authority	ubutware
n.	automobile	imodokari, umuduga (pl. imiduga)
verb	avenge, to	guhora
verb	avoid, to	kuzibukira
adv.	away, far	kure
n.	ax	incabiti, ikibezi
n.	baby	umwana (pl. abana)
n.	baby (newborn)	uruhinja (pl. impinja)
n.	bachelor	igikwerere (pl. ibikwerere)
n., med	back (of a person)	umugongo
n	back, at the	inyuma
adj.	bad	-bi
adv.	badly	nabi
n.	bag	igunira (pl. amagunira)
verb	bake, to	kwotsa
n.	balance (scale)	umunzane (pl. iminzane)
n.	baldness	ubuhanza
n.	ball	umupira (pl. imipira)
n.	bamboo	umugano (pl. imigano)

21

parts of speech	english	Kirundi
n	banana	igitoke (pl. ibitoke)
n.	banana juice (unfermented)	umutobe (pl. imitobe)
n	banana, beer	urwarwa
n.	bandit	umusahuzi (pl. abasahuzi)
n.	baptism	ibatisimu
verb	baptize, to	kubatiza
n.	bargain	akaguriro (pl. utuguriro)
n.	bark (tree)	igishishwa (pl. ibishishwa)
verb	bark, to	gukuga
n.	barley	sayiri
verb	barter, to	kuguza
n.	base of a tree	igitsina (pl. ibitsina)
n.	bashfulness	isoni
n.	basin (wash)	igikarabiro (pl. ibikarabiro)
n.	basket (tall pointed)	igiseke (pl. ibiseke)
n	basket, large	intonga
n.	bat	agahungarema
verb	bathe, to (oneself)	kwiyuhagira; kwoga
n.	battle	intambara
n.	battlefield	urugamba
verb	bawl, to	kuyogora
verb	be ahead of, to	gutanga
interj.	Be careful!	Mpore!
verb	be, to	kuba, -ri, kumera
n.	beach	inkuka
n.	beads, large	ubudede
n.	bean	ikiharage (pl. ibiharage)
n.	bear (animal)	idubu
verb	bear fruit, to	kwama
n.	beard	ubgwanwa
verb	beat drum to	kuvuza ingoma
verb	beat, to	gukubita
adj.	beautiful	-iza
verb	beautiful, to be	guhimbara
n.	beauty	agahimbare (pl. uduhimbare)
conj.	because	kuko
phrase	because of	kubera
verb	become attached, to	kumata
verb	become ill, to	kurwaza
verb	become pale, to	kubenjuka
verb	become softer, to	kworosha

22

parts of speech	english	Kirundi
verb	become widowed or a widower	gupfakara
verb	become, to	kuba
n.	bed	uburiri (pl. amariri), igitanda (pl. ibitanda)
verb	bed, to go to	kuryama
verb	bed, to make a (with grass)	gusasa
n.	bedtime	amaryama
n.	bee	uruyuki (pl. inzuki)
n.	beehive (empty)	igitiba (pl. ibitiba)
n.	beer	inzoga
n.	beer (spoiled)	inkebe
verb	beer, to brew	kwenga
n.	beeswax	umushashara
prep.	before	mbere, imbere
verb	beg for a drink, to	kuvumba
verb	beg for repeatedly, to	gusabiriza
verb	beg for, to	gusaba
n.	beggar	umusezi (pl. abasezi)
verb	begin by, to	kubanza
verb	begin work, to	kwahuka
verb	begin, to	gutangura
verb	begin, to; to do first	kubanza
n.	beginning	1. inkomoka 2. intanguro
n.	beginning	intanguriro
verb	behave with patience	kwigumanya
verb	behave, to	kwifata
n.	behavior	umwifato (pl. imyifato)
adv.	behind	inyuma
verb	behold, to; notice, to	kurabukwa
n.	belch	amangati
verb	belch, to	gutura amangati
n.	beliefs (confidence)	umwizero (pl. imyizero)
verb	believe, to	kwizera
n.	bell	inzogera
adv. prep.	below	hepfo
n.	belt	umusipi
n.	bench	intebe
verb	bend, to	guheta
verb	bend, to; to fold	gukonya
adv. prep.	beneath, under	musi ya

23

parts of speech	english	Kirundi
verb	beseech, to	kwinginga
prep.	beside	iruhande
adv.	besides	nubwo
adv.	besides	ahuraho
verb	bet, to	gutega
verb	betray, to	kugambanira
adv.	better	kuruta
verb	better, to be	kurusha
prep.	between	hagati
verb	beware, to	kwiyubara
verb	bewitch, to	kuroga
adv.	beyond	hirya
n.	bicycle	ikinga (pl. amakinga)
verb	bid farewell, to	gusezera
verb	bifurcate, to	kunyurana
adj.	big	-nini
n., med	bile	indurwe
verb	bind, to	kuboha
n.	bird (small)	inyoni
n.	birth	ivuka
verb	birth, to give	kuvyara
n.	birthmark	ikibibi
verb	bite, to	gushikura
verb	bitter, to be	kubiha
verb	bitter, to be	kurura
n.	bitterness	umururazi (pl. imirurazi)
n.	black (color)	umufyiri
n.	black person	umwirabura (pl. abirabura)
verb	black, to be	kwirabura
n.	blacksmith	umuheshi (pl. abaheshi)
n., med	bladder	uruhago
n.	blame	umugayo
verb	blame, to	kunegura
verb	blame, to	gupfana
phrase	blameless person	inyankamugayo
n.	blanket	ubulengeti (pl. amalengeti)
verb	bleat, to	gutama
verb	bleed, to	kuva amaraso
verb	blend, to	kuvanga
verb	bless, to	guhezagira
n.	blessing	umugisha

24

parts of speech	english	Kirundi
n	blind person	impumyi
verb	blind, to become	guhuma
verb	blink, to	guhumaguza
n.	blister	ibavu (pl. amabavu)
verb	blister, to	kugurugumba
verb	block the passage, to	gutangira
n.	blood	amaraso
verb	blossom, to	kubumbuka
verb	blow up, to	guturika
verb	blow, to	guhuha
adj., n.	blue (indigo)	ubururu
n.	blunder	igisozo (pl. ibisozo)
verb	blush, to	gutukura
n.	board (plank)	urubaho (pl. imbaho)
verb	board, to; to come along side	guhamvya
verb	boast, to	kwirata
n.	boat	ubgato
n.	body	umubiri (pl. imibiri)
n., med	boil (medical)	igihute (pl. ibihute)
verb	boil, to	kubira; gusebura
verb	bold, to be	gushirukanya
verb	bolder, to get	kwubahuka
n	bonds	ingoyi
n.	bone	igufa (pl. amagufa)
n., med	bone marrow	umusokoro
n.	book	igitabo (pl. ibitabo)
n	boredom	ubugorane
verb	born of, to be	gukomoka
verb	born, to be	kuvuka
verb	borrow, to (money)	gutira
adj & pr	both	-mpi
n.	bottle {a bottle of water}	icupa (pl. amacupa) {icupa ry'amazi}
n.	bow (as in arrow)	umuheto (pl. imiheto)
verb	bow, to (head)	kwunama
n., med	bowel, large	urura rw'amase
n.	bowl	ibakure
n.	box	isandugu
n.	boy	umuhungu (pl. abahungu)
verb	brag, to	kwigamba
n.	brain	ubwonko
n.	branch	ishami (pl. amashami)

25

parts of speech	english	Kirundi
n.	bread	umukate (pl. imikate)
n.	bread (african)	umutsima (pl. imitsima)
verb	break into bits	kuvunagura
verb	break the law, to	kuyoba
verb	break, to	kumena
verb	break, to	kumeneka
n.	breakfast	akavunamusase
n.	breast	ibere (pl. amabere)
n.	breast milk	amaberebere
verb	breast-feed, to	kwonsa
n.	breath	impemu
verb	breathe	guhumeka
verb	breathe one's last, to (expire)	1. gucikana 2. guhwera
n.	brick	itafari
verb	bricks, to make	gufyatura
n.	bride	umugeni
n.	bride-groom	umukwe
n.	bridge	ikiraro (pl. ibiraro)
adv.	briefly	nako
verb	bring about, to	gutera
verb	bring back wife who had left	gucura
verb	bring back, to	kugarura
verb	bring disgrace, to	kugoka
verb	bring in from the sun, to	kwanura
verb	bring quickly, to	gutebukana
verb	bring to	kuzana
verb	bring water, to	kuvoma
adj.	broad, wide, spacious	-gari
verb	broil, to	kwotsa
n.	broom	umukubuzo (pl. imikubuzo)
n.	brother, my older (female talking)	musazawe
n.	brother, my older (male talking)	mukurwawe
n.	brothers	abavukana
adj.	brown	igihogo
n.	brown (light)	akagajo
n.	brush	umukubuzo (pl. imikubuzo)
n.	brush	ishamba (pl. amashamba)
verb	brush teeth, to	kwinyugunura
n.	bucket	indobo
n.	bud	umunago (p. iminago)
verb	bud, to	gushurika

26

parts of speech	english	Kirundi
n.	buffalo	imbogo
n.	bug	agasimba (pl. udusimba)
verb	build, to	kwubaka
n.	builder	umwubatsi
n.	building (construction)	inyubako
verb	bulge, to	kudundura
n.	bull	ishuri (pl. amashuri)
n.	bully	umusinzi (pl. abasinzi)
n.	burden (figurative and literal)	umuzigo (pl. imizigo)
n.	burlap	igunira (pl. amagunira)
n	burn	ubushe
verb	burn, to	1. gusha 2. kwaka
verb	burn, to (food)	kuyenga
n.	Burundi	Urundi
verb	bury, to	guhamba
n.	bush (thick)	igisaka (pl. ibisaka)
conj.	but	ariko, mugabo
n.	butcher shop	ibagiro (pl. amabagiro)
verb	butcher, to	kubaga
n.	butter	amavuta
n.	butterfly	ikinyugunyugu
n.	buttock	itako (pl. amatako)
n.	button	igipfungo (pl. ibipfungo)
verb	buy, to	kugura
verb	buyer, purchaser	umuguzi (pl. abaguzi)
prep.	by (through)/ (near)	na
n.	calf (animal)	inyana
verb	call for help, to	gutabaza
verb	call, to	guhamagara
verb	calm down, to	guhoza
n.	calm, quiet	ubutekanyi
verb	calm, to be	kwitonda
n.	camel	ingamiya
verb	camp, to	gucumbika
verb	can	gushobora
n.	can, tin	igikombe (pl. ibikombe)
n.	canal	umugende (pl. imigende)
n.	cane	inkone
n.	canoe (dugout)	ubwato (pl. amato)
n.	car	ivatiri
verb	care for, to (the sick)	kubungabunga

27

parts of speech	english	Kirundi
verb	carefree, to be	gucuna
adv.	carefully	buhoro-buhoro
phrase	careless (with things) to be	kwandarika
verb	caress, to	gukuyakuya
n.	carpenter	umubaji (pl. ababaji)
verb	carpentry, to do	kubaza
verb	carry on one's back, to	guheka
verb	carry on one's head without using the hands	kwirengera
verb	carry on, to	gukomeza
verb	carry, to	gutwara
verb	carve, to	gukeba
n.	cassava	umwumbati (pl. imyumbati)
verb	cast, to; to fling	gutera
verb	castrate, to	gukona
n.	cat	akayabo; injangwe
verb	catch something thrown, to	gusama
verb	catch, to	gucakira
verb	catch, to	gufata
n.	caterpillar	ikinyabwoya (pl. ibinyabwoya)
n.	cattle tick	uruguha (pl. inguha)
n.	cause	impamvu
verb	cause, to	gutuma
n.	cave	isenga (pl. amasenga)
verb	cease, to	kureka
n.	ceiling	idari
verb	celebrate, to	guhimbaza
n.	celebration	ibirori
n.	cemetery	itongo ry'abapfu
n.	center, in the	hagati
n.	centipede	inyongori
n.	chain	umunyororo (pl. iminyororo)
n.	chain, small	umugufu (pl. imigufu)
n.	chair	intebe
n.	chalk	ingwa
n.	chameleon	uruvo
verb	change money, to	kuvunja
verb	change, to	guhinduka
n.	channel	umuvo (pl. imivo)
n.	chapter	igice
n.	character	imico

28

parts of speech	english	Kirundi
n.	charcoal	ikara (pl. amakara)
n.	charity	ubukunzi
n.	charm	igiheko (pl. ibiheko)
verb	chase away, to	gukinagiza
verb	chase flies off the cows, to	kuzinga
verb	chat, to	1. kuyaga 2. kuganira
verb	cheat, to	kugunga
n.	cheek	itama (pl. amatama)
n.	cheekbone	agasendabageni (pl. udusendabageni)
n.	cheetah	igikara (pl. ibikara)
n.	chest (body)	igikiriza (pl. ibikiriza)
n.	chest (crate)	isandugu (pl. amasandugu)
verb	chew, to	gutapfuna
verb	chew, to	guhekenya
n.	chicken	inkoko
n.	chicken pox	agasama
verb	chide, to	gutonganya
n.	chief	umuganwa (pl. abaganwa)
n.	child	umwana (pl. abana)
n.	child of	mwene
n.	child, only	umwana w'ikinege
n.	childbirth	igise (pl. ibise)
verb	childbirth, to aid one in	kuvyaza
n.	childhood	ubgana, ubwana
n.	chills (tremor)	agashitsi
n.	chimpanzee	impundu
n.	chin	urusagusagu (pl. insagusagu)
verb	choke, to	kuniga
verb	choose a spouse, to	kubenguka
verb	choose, to	gutora
verb	chop up in many pieces, to	gucagagura
n.	Christian	umukristo
n.	Christianity	ubukristo
verb	chubby, to be	gushisha
n.	church (building)	urusengero
n.	cicada	ijeri (pl. amajeri)
n.	cigar	isigara (pl. amasigara)
n.	cigarette	itabi (pl. amatabi)
verb	circumcise, to	kugenyera
n.	city	igisagara (pl. ibisagara)
verb	clap, to	gukoma amashi

parts of speech	english	Kirundi
n.	claw	urwara (pl. inzara)
n.	clay	1. uburongo 2. ibumba
verb	clay, to work with	kubumba
adj.	clean	-iza
verb	clean a plate with one's fingers then lick the fingers, to	gukomba inkono
verb	clean out the ears, to	gukurugutura
verb	clean the filth, to (wipe baby's bottom)	guheha
verb	clean with a brush, to	gukubura
verb	clean, to	gusukura
n.	cleanliness	isuku
verb	cleanse oneself	kwisukura
adj.	clear (clear or pure water)	umusarara (amazi y'umusarara)
verb	clear up, to (sort out)	kuvangura
verb	climb down, (tree), to	kwururuka
verb	climb, to	kuduga
verb	climb, to	kuduga
n.	clock	isaha
verb	close the eyes, to	guhumiriza
phrase	close together, to get (near)	kwegeranya
verb	close, to	gufunga
n.	closet	akabati (pl. utubati)
n.	cloth women wear (shoulder), shawl	igitambara (pl. ibitambara)
verb	clothe, to	kwambika
n.	clothes	impuzu
verb	clothes, to take off	kwambura
n.	cloud	igicu (pl. ibicu)
n.	club (stick)	ubuhiri (pl. amahiri)
verb	coagulate, to	gufatana
n.	coast (of river)	inkombe
verb	coax, to	guhoyahoya
n.	cockroach	inyenzi
verb	coerce, to	guhadikiriza
n.	coffee	akawa
n.	cohabitation	ubuhabara
adj.	cold	-bisi
n.	cold	imbeho
n.	cold in head	agahiri
verb	cold, to be	gukonja
verb	collapse, to	guhenuka
verb	collect, to	kubuguza

30

parts of speech	english	Kirundi
verb	collide, to	gusekana
n.	color	irangi
n.	colt	icana (pl. ivycana)
n.	comb	urusokozo (pl. insokozo)
verb	comb, to	gusokoza
verb	come across, to	kunyura
verb	come back, to; to return	kugaruka
verb	come from, to	1. guhanuka 2. kuva
interj.	Come here!	Ngwino!
verb	come home, to	kuganuka
verb	come in last place, to	guheruka
verb	come out of, to	kuva
verb	come running, to	kurenguka
verb	come to the aid of	kuvuna
verb	come, to	kuza
n.	comfort	ihumure
verb	comfort, to	guhumuriza
verb	comfortable, to be	kunonoka
verb	comfortably seated, to be	gutabama
n.	command	itegeko (pl. amategeko)
verb	command, to	1. gutegeka 2. kugaba
n.	commander	umutware (pl. amatware)
verb	commence, to	gutangura
verb	commit a crime, to	gucumura
verb	commit oneself, to	kuragana
verb	commit suicide, to	kwiyica
verb	compare, to	kugereranya
n.	comparison	ikigereranyo
verb	compel, to	kugobera
verb	compensate, to	gushumbusa
n.	compensation	inshumbushanyo
verb	compete, to	gusangira
verb	complain, to	guhigimanga
n.	complaint (illness)	indwara
verb	complete, to	gusozera
adv.	completely, totally	rwose
verb	comprehend, to	kwumva
verb	conceal, to	guhisha
verb	conceive, to	gusama inda
verb	concise, to be	gupfunya ijambo
verb	conclude, to	guheza

parts of speech	english	Kirundi
verb	concur, to	kwemera
verb	condemn, to	gutsindisha
verb	confess, to	kwemerana
verb	confess, to	kwirega
verb	confirm, to	gukomeza
verb	conflict, to be in	gutata
verb	confront, to	guhangara
verb	confused, to be	kumaramara
verb	congenial, to be	kuba ikirende
n., med	conjunctivitis	uburire
verb	conquer, to	kunesha
n.	consequence	inkurikizi
adv.	consequently	nuko rero
verb	consider, to	kwirimbura
verb	console, to	guhoza
verb	construct, to	kwubaka
n.	construction materials	ihumbi (pl. amahumbi)
verb	consume, to	gukomvomvora
verb	contagious, to be	kwandukira
n.	container, tin	igikombe
verb	contaminated, to be	gutobekara
verb	contemplate, to	guhanga
verb	continue, to	kubandanya
verb	contract a contagious disease, to	kwandura indwara
verb	contradict, to	kuvuguruza
verb	convalesce, to	kwandara
n.	conversation	ikiganiro
verb	converse with, to	kuganira
verb	converted, to be	kwihana
verb	convince, to	guhinyuza
n.	cook	umutetsi (pl. abatetsi)
verb	cook, to	guteka
phrase	cooked, to be well (to be done)	gufyonyoka
verb	cool, to	guhora
n.	copper	umujumpu
n.	cord	umugozi (pl. imigozi)
n.	corn	ikigori (pl. ibigori)
n.	corner	imfuruka
n.	corpse	ikiziga (pl. ibiziga)
verb	correct, to	guhubura
verb	correct, to	gusokora

32

parts of speech	english	Kirundi
n.	cost	1. igiciro (pl. ibiciro) 2. ikiguzi (pl. ibiguzi)
n.	cotton	ipamba (pl. amapamba)
n.	cough	inkorora
verb	cough, to	gukorora
n.	council, advice	inama
verb	count, to	guharura
n.	country	igihugu (pl. ibihugu)
n.	couple	inyabubiri
n.	courage	ubuhizi
n.	courageous person	umuhizi (pl. abahizi)
n.	court	urukiko
n.	cousin, maternal	bavyara bacu
n.	cousin, paternal	mwene data wacu
n.	cover	igipfundikizo (pl. ibipfundikizo)
verb	cover oneself, to	kwipfuka
verb	cover, to	gupfuka
verb	covet, to	kwifuza
n.	cow	inka
n.	cow manure	amase
n.	coward	umutinyi (pl. abatinyi)
n.	crack (fissure)	umugaga (pl. imigaga)
n.	crack (in skin of foot)	ikivutu
verb	crack, to	kumeca
n.	cracker	ibisuguti
n.	cramp	ikinya (pl. ibinya)
verb	crawl on all fours, to	kwavura
n.	crazy person	umusazi (pl. abasazi)
verb	crazy, to be	gusara
verb	creak, to	gukaka
verb	create, to	kurema
n.	creature	ikiremwa (pl. ibiremwa)
n.	crime	igicumuro (pl. ibicumuro)
n.	cripple	ikimuga (pl. ibimuga)
verb	criticize, to	kunebagura
n.	crocodile	ingona
verb	crooked, to be	kugorama
n.	crop (farming)	ivyimburwa
n.	cross	umusaraba (pl. imisaraba)
verb	cross body of water	kujabuka
verb	cross, to	kubisikanya

33

parts of speech	english	Kirundi
n.	crossroads	amayirabiri
verb	crosswise, to place	gutambika
verb	crow, to	kubika
n.	crowd	ishengero
n.	crowd of followers	ishengero
n.	crown	urugori (pl. ingori)
verb	crucify, to	kubamba
verb	cruel, to be	gukara
n.	crumb	akavunguka (pl. utuvunguka)
verb	crumble, to	kuvunguka
verb	crush with the feet, to	guhonyora
verb	crush, to	kuvungura
n.	crutch	ikibando (pl. ibibando)
n.	cry	induru
verb	cry, to	kurira
verb	cultivate, to	kurima
n.	cultivator	umurimyi (pl. abarimyi)
n.	cunning	akenge
n.	cup	igikombe
n.	cupboard	akabati (pl. utubati)
n.	cure	umuti (pl. imiti)
verb	cure, to	gukiza
n.	curiosity	urusaku
verb	curl up. to	kwiyegeranya
adv.	currently	ubu
verb	curse, to	kuvuma
verb	curve, to	kugoreka
n.	cushion	umusego (pl. imisego)
n.	custom	umugenzo (pl. imigenzo)
n.	cut (wound)	uruguma (pl. inguma)
verb	cut down, to (tree)	gusitura
verb	cut into pieces, to	gukemba
verb	cut lengthwise, to	gusatura
verb	cut off one's path, to	gutangira
verb	cut oneself, to	kwitema
verb	cut to the point, to	gusongora
verb	cut, to	gukata
verb	cut, to (meat)	gukeba
verb	cut, to be	gucibga
verb	cut, to; carve, to	kugegena
verb	damage, to	kwonona

34

parts of speech	english	Kirundi
verb	damp, to be	gukanya
n.	dance	umuhamirizo (pl. imihamirizo)
verb	dance, to	1. guhamiriza 2. kuvyina
n.	dancer	intore
n.	danger	akaga
verb	dare, to	gutinyuka
phrase	dark, to be	gucura umwiza
phrase	dark, to get	kwira
n.	darkness	umwiza
n.	date (in month)	itariki
n.	daughter	umukobga (pl. abakobga)
verb	dawdle, to	kuzangazanga
n.	dawn	1. umuseke 2. umutwenzi
n.	day	umusi
phrase	day after tomorrow, the	hirya y'ejo
adv.	day before yesterday	juzi
verb	daydream, to	kurota
n.	daytime	umurango
n.	dead person	urupfu (pl. impfu)
phrase	dead-half	intere
n.	deadline	ikibariro (pl. ibibariro)
n.	deaf person	igipfamatwi
n.	dear	mukundwa
n.	death	urupfu
n.	debris	igikumbi (pl. ibikumbi)
n.	debt	umwenda
n.	deceit	ubuhumvyi
verb	deceive others habitually, to	gusukasuka
verb	deceive, to	guhumba
verb	deceive, to	guhemukira
verb	deceive, to	guhenda
n.	December	ukwezi kw'icumi na kabiri; Kigarama
verb	decide, to	gushinga ingingo
n.	decision (final)	ingingo
verb	decorate, to	gushaza
verb	decrease, to	kugabanuka
n.	deed	igikorwa (pl. ibikorwa)
verb	defeat, to	kunesha
verb	defend, to	kuvuna
n.	defender	umutabazi (pl. abatabazi)
n.	deficit	igihombo (pl. ibihombo)

35

parts of speech	english	Kirundi
verb	defile, to	guhumanya
adv.	definitely	mahera
verb	delay, to	guteba
n.	delicious taste, a	ubusosa
verb	delicious, to be	1. kuryoha 2. kudedemba
n.	delivery (birth)	ivyara
verb	demand, to	kwaka
verb	demolish, to	gusambura
n.	demon	ishetani (pl. amashetani)
verb	denounce, to	kurega
adj.	dense	-novu
verb	deny, to	guhakana
verb	depart, to	gushibuka
verb	depend on, to	gukukira
verb	deposit, to	gutereka
verb	deprive, to	gutesha
n.	depth	amajepfo
verb	descend, to; go down, to	kumanuka
n.	descent	umumanuko (pl. imimanuko)
verb	describe, to	kudondora
n.	desert (ie. Sahara desert)	ishamba (pl. amashamba)
n.	desire	ishaka
verb	desire, to	gushaka
n.	desk	ibiro
verb	despair, to	kwiheba
verb	despise, to	kugaya
verb	destroy, to	gusambura
verb	detach, to	gutanya
verb	deteriorate, to	guseruka
verb	determine, to	kugena
verb	detest, to	kwanka
n.	devil	ishetani
verb	devote oneself, to	kwitako
n.	dew	urume
n.	dialogue	ikiganiro (pl. ibiganiro)
verb	diarrhea, to have	guhitwa
n.	dictionary (Kirundi dictionary)	inyizamvugo (inyizamvugo y'ikirundi)
verb	die suddenly, to	kugaduka
verb	die, to	gupfa
verb	die, to	guhwera
adj.	different	indobeke

36

parts of speech	english	Kirundi
verb	different, to be	gutandukana
verb	difficult, to be	gukomera
n.	difficulty	urudubi
verb	dig, to	kurima
verb	diminish, to	gukesha
verb	direct, to	gutwara
n.	dirt	umwanda (pl. imywanda)
n.	dirtiness	ubucafu
adj.	dirty	-bi
verb	disappear, to	kurenga
n.	disaster	ikiza (pl. ibiza)
verb	discard, to	guta
verb	disclose, to	guhishura
verb	disconnect, to	gutandukana
n.	discontentment	umwikomo (pl. imyikomo)
verb	discourage, to	guhebuza
verb	discouraged, to be	kudundumirwa
verb	discover the truth, to	guhinyura
verb	discover, to	kwubuka
verb	discuss, to	guharira
n.	discussion	impari
n.	disdain	akagayo
n.	disdain, contempt	akagayo
n.	disease	indwara
verb	disentangle, to	gusobanura
n.	disgrace	iceyi
verb	disguise, to	gutwikira
n.	dish	isahani (pl. amasahani)
phrase	dishonest person	igihumbu (pl. ibihumbu)
n.	dishonesty	igihemu (pl. ibihemu)
verb	dislocate one's joint, to	gukashuka
verb	dislocate one's joint, to	gutirigana
verb	dismayed, to be	kumaramara
n.	disobedience	amanyama
adj.	disobedient	ingambarazi
phrase	disobedient child	intabarirwa
verb	disobey, to	kugambarara
verb	disperse, to	gusanzaza
verb	displeased with, to be	guharuruka
n.	dispute	impaka
verb	dissolve, to	gushonga

37

parts of speech	english	Kirundi
n.	distance	umwanya
verb	distinct, to be	gutandukana
verb	distinguish between, to	gutandukanya
verb	distract, to	gusamaza
n.	distress	ubucumukure
verb	distribute the inheritance, to	gutoranya
n.	disturbance	amarushwa
n.	ditch	umukuku (pl. imikuku)
verb	diverge, to	kunyurana
verb	divide, to	kugabanya
n.	division	igice
verb	divorce, to	kwahukana
verb	dizziness, to experience	kuzererwa
verb	do odd jobs, to	kuremantanya
phrase	do two things at a time, to	kubangikanya ibikorwa bibiri
verb	do, to	kugira
n.	doctor (academic, medicine)	umuganga (pl. abaganga)
n.	dog	imbga
n.	domestic animals	intungano
n.	donkey	indogoba
n.	door	urugi (pl. ingi)
n.	doorway	umuryango (pl. imiryango)
n.	dormitory	icumbi (pl. amacumbi)
verb	doubt, to	gukekeranya
n.	dove	inuma
adv.	down	epfo
n.	dowry	inkwano
verb	dowry, to pay (give a cow as dowry)	gukwa
verb	drag, to	gukwega
verb	draw from, to	kuvoma
verb	draw, to	gushushanya
verb	draw, to	gukwega
verb	dread, to	kwicura
n.	dream	inzozi
verb	dream, to	kurota
verb	drenched by the rain, to be	kunyagirwa
n.	dress	ikanzu (pl. amakanzu)
verb	dress a wound, to	gusomora
verb	dress oneself, to	kwambara
verb	dress, to	kwambika
n.	drink	ikinyobwa (pl. ibinyobwa)

parts of speech	english	Kirundi
verb	drink from the hollow of one's hand	kwiyuhira
verb	drink, to	kunywa
verb	drip, to	gutonyanga
verb	drive stake, to	gushinga
verb	drive, to	kuyobora
n.	driver	umushoferi (pl. abashoferi)
n.	drop	itonyanga (pl. amatonyanga)
verb	drop, to	kwimanura
verb	drown, to	gusoma nturi
n.	drug (narcotic)	ibiyobezabwenge
n.	drum	ingoma
n.	drum stick	umurisho (pl. imirisho)
verb	drunk, to be	kuborerwa
n.	drunkard	imborewa
verb	dry out, to	kwumya
n.	dry season (short)	impeshi
verb	dry up, to	gukamya
verb	dry, to be	kwuma
n.	duck	imbati
verb	duck, to	kuzibukira
verb	dull, to be (tool)	gupfuha
verb	dumbfounded, to be	kujorerwa
verb	durable, to be	kurama
n.	duration	umwanya
prep.	during	mu
n.	dust	umukungugu
verb	dust, to	gupangusha
n.	duty	umurimo (pl. imirimo)
adj. & n.	dwarf	igikuri (pl. ibikuri)
n.	dwelling place, house	ikiragamo (pl. ibiragamo)
verb	dye, to	kuraba
n.	dying person	umuhwere (pl. abahwere)
verb	dyke up, to	kugomera
n., med	dysentery	amacinya
adj.	each	-ose
n.	eagerness	ingoga
n.	eagle	impungu
n.	ear	ugutwi (pl. amatwi)
n. med	ear wax	ubukurugutwi
n.	earlobe	igishato c'ugutwi

parts of speech	english	Kirundi
adv.	early	kare
verb	earn, to; to gain	kwunguka
n.	earth	ivu
n.	earth (ground)	agataka
n.	earthworm	umusiba (pl. imisiba)
n.	east	ubuseruko
n.	Easter	Pasika
verb	easy, to be	kworoha
verb	eat like a glutton, to	kuyungubiza
verb	eat with seasoning, to	kugoza
verb	eat, to	1. gufungura 2. kurya
phrase	eclipse of the sun	ubwirakabiri
verb	economical, to be	kuziganya
n.	edge	urubiga (pl. imbiga)
n.	edge	umusozo (pl. imisozo)
verb	educate, to	kumenyesha
n.	education	uburezi
verb	effort, to make an	kugeza
n.	egg	igi (pl. amagi)
n.	eggplant	intore
n.	eggshell	ikibarara
adj. & n.	eight	munani
n.	eight hundred	amajana umunani
n.	eighteen	icumi n'umunani
n.	eighty	mirongumunani
n.	elbow	inkokora
n.	elder	umukuru (pl. abakuru)
n.	electricity	umuyaga nkuba
n.	elephant	inzovu
n., med	elephantiasis of legs	amafuni
n.	eleven	icumi n'umwe
adv.	elsewhere	ahandi
verb	emaciated, to be	kunyunyuka
verb	emancipated, to be	kwiganza
verb	embarrass, to	gutesha
n.	embers	ikara (pl. amakara)
verb	embrace, to	guhobera
n.	employee	umukozi (pl. abakozi)
verb	empty, to be	kugaragara
verb	encircle, to	gutangatanga

parts of speech	english	Kirundi
n.	enclosure	urugo (pl. ingo)
verb	encourage to make an effort	gushishikaza
verb	encourage, to	kuremesha
n.	end	ihero
n.	end	imperuka
n.	end (goal)	akamaro
verb	end, to	guheza
verb	end, to be at the	guhera
adj. & n.	enemy	umwansi (pl. imyansi)
verb	enjoy oneself, to	1. gufyina 2. kudaga
phrase	enjoy your meal	akayabagu
verb	enlarge, to	gukuza
interj.	Enough!	Karabaye!
adv.	enough, it is (Is that enough?)	birahaye (Birahagije?)
verb	enough, to be	gukwira
verb	enter, to	kwinjira
verb	entertain, to	gusetsa
verb	entice, to	kworekera
adv.	entirely	rwose
n.	entrance	irembo (pl. amarembo)
verb	envision, to	kwihweza
n.	envy	agashari
n.	epidemic	ikiza (pl. ibiza)
n., med	epigastric	akameme
n. med	epigastric hernia	ikirusu (pl. ibirusu)
n., med	epilepsy	intandara
n. med	epistaxis	umwuna
verb	equal, to be (age, size)	kungana
verb	equal, to be (height)	kuringanira
verb	equal, to make	kuringaniza
adv.	equally	hamwe
verb	erase, to	gusibura
n.	error	ifuti, ikosa (pl. amakosa)
verb	error, to make an	gutera igihusho
verb	escape the memory of, to	kuzinda
verb	escape, to	gucika
n. med	esophageal reflux	ikirungurira
n. med	esophagus	igihogohogo
adv.	especially	cane cane
verb	estimate, to	kugereranya

41

parts of speech	english	Kirundi
n.	**Europe**	Buraya
verb	evade, to	kurementanya
adv.	even	hamwe
adv.	even if	naho
adv. n.	evening	umogoroba
verb	evening, to become	kugoroba
adj.	every, whole	-ose
adv.	everywhere, throughout	hose
n.	evil	inabi
verb	exaggerate, to	gucobogoza
verb	exalt, to	guhaya
verb	examine one another, to	gusuzumana
verb	examine, to	1. gupima 2. gusuzuma
n.	example	icitegererezo
verb	exasperated, to be	kujingitwa
verb	exceed, to	kurenga
adv.	exceedingly	cane
conj.	except	ndetse
n.	excess, surplus	igisaga (pl. ibisaga)
verb	exchange greetings, to	kuramukanya
verb	exchange, to	kugurana
verb	exclude, to	kunaganura
prep.	excluding	uretse
verb	excommunicate, to	kunaganura
n.	excrement	umusarani, amavyi
n.	excuse	urwitwazo
phrase	**Excuse me.**	Untunge. (if interrupting); Umbabarire. (I'm sorry)
verb	exercise, to	kumenyereza
verb	exert pressure, to	kugobera
verb	exhaust, to	guheza
verb	exhume, to	kuzura
verb	exile, to	kwambutsa
verb	exonerate oneself, to	kudendekeranya
verb	expect, to	gusamaza
verb	expectorate, to	gucira
verb	expedite, to	gusahiriza
verb	expensive, to be	kuzimba
verb	experience, to	kugerageza
verb	expire, to (die)	guhuhuka
verb	explain in detail, to	gufobora

parts of speech	english	Kirundi
verb	explain poorly, to	gufobeka
verb	explain, to	1. gusigura 2. gusobanura
n.	explanation	insobanuro
verb	exterminate, to	gutikiza
verb	extinguish the fire, to	kuzimya umuriro
verb	extinguish, to	kuzimya
n.	eye	ijisho (pl. amaso)
n.	eyebrow	ikigohe (pl. ibigohe)
n.	eyelash	urugohe (pl. ingohe)
n., med	eyes	amaso
n.	fable	umugani (pl. imigani)
verb	fable, to tell a	guca umugani
n.	face	amaso
verb	face (someone), to	guhangana
verb	fade, to	kubenjuka
verb	faint, to	kuraba
verb	fair, to try to be	kugimba
n.	faith	ukwizera
verb	fall asleep, to	kwihunrira
verb	fall from a height, to	1. gukoroka 2. gutemba
verb	fall ill, to	kurwara
verb	fall, to	kugwa
n.	fame	inkuru
n.	family	umuryango (pl. imiryango)
n.	famine	inzara
adv.	far	kure
n.	fare, price	ikiguzi (pl. ibiguzi)
n.	farmer	umurimyi (pl. abarimyi)
verb	fascinated, to not be	gusamara
adv.	fast	n'ingoga
n.	fat	ikinure (pl. ibinure)
verb	fat, to become	kudoha
n.	father (my)	data
n.	father (or respected elder)	se
n.	father (your)	so
n.	fatigue	uburuhe
verb	fatigued, to be	kunanirwa
verb	favorite, to be a	gutona
n.	favoritism	ubutoni
n.	fear	ubwoga
verb	fear, to	gutinya

43

parts of speech	english	Kirundi
verb	fear, to have	kugira ubwoga
verb	fearless, to be	gutinyuka
verb	feasible, to be {It is possible.}	gushoboka {Birashoboka.}
n.	feast	inzimano
verb	feast, to give a	kuzimana
n.	feather	iryoya (pl. amoya)
n.	February	ukwezi kwa kabiri, Nyamagoma
n. med	feces	umusarani
n.	fee paid to witch doctor	ingemu
verb	feed, to	kugaburira
verb	feel disgusted, to	kubihirwa
verb	feel, to (I feel bad.)	kwumva (Numva ndwaye.)
n.	female (female nurse)	-kazi (ie. umuforomakazi)
n.	fence	uruzitiro (pl. inzitiro)
phrase	fence to protect, to	kuzitira
verb	ferment, to	kwambira
verb	fertilize, to	gutabira
n.	fertilizer	intabire
n.	fever	1. umuriro (no pl.) 2. inyonko
verb	feverish, to be	kururumba
adj.	few	-ke
n.	field	indimiro
n.	fifteen	icumi na batanu
adj. & n.	fifty	mirongwitanu
n.	fig	insukoni
n.	fig tree	umusokoni (pl. imisokoni)
verb	fight, to	gusinda
verb	fight, to	kurwana
verb	fill, to	kwuzuza
verb	filled to the brim, to be	kunengesera
verb	filter, to	kumimina
n.	filth	umwanda (pl. imywanda)
adv.	finally	ubuheruka
verb	find, to	kuronka
verb	find, to	gutora
n.	fine (i.e. to pay a)	ihadabu (pl. amahadabu)
n.	finger	urutoke (pl. intoke)
n.	finger, index	nkumbaruboko
n.	finger, little	uruhererezi
n.	finger, middle	nsumbazose

parts of speech	english	Kirundi
n.	finger, ring	marere
n.	fingernail	urwara (pl. inzara)
verb	finish, to	1. kumara 2. guheza 3. guhera
verb	finished, to be	kumarwa
n.	fire	umuriro
n.	fireplace	iziko, ifuro
n.	firewood	urukwi (pl. inkwi)
verb	firewood, to gather	gusenya
adj.	first	-ambere
adv.	first, to do	kubanza
n.	first-born	imfura
n.	fish	ifi (pl. amafi)
verb	fish, to	kuroba
n.	fish-hook	igera
n.	fisherman	umurovyi (pl. abarovyi)
n.	fishing net	urusenga (pl. insenga)
n.	fist	igipfunsi (pl. ibipfunsi)
adj. & n.	five	-tanu, eshanu
n.	five times	gatanu
n.	flag	ibendera (pl. amabendera)
n.	flame	urubeya (pl. imbeya)
verb	flash lightning, to	kuravya
verb	flat, to be	gubata
verb	flatter, to	gusasa akarimi
n.	flattery	indyarya
n.	flavor	icanga
verb	flavor, to have a good	gusoza
n.	flea	imbaragasa
verb	flee, to	guhunga
n.	flesh 2. meat	inyama
n.	flight	umuhungo
verb	float, to	kureremba
n.	flock (of sheep)	inzirikwa
n.	flood	umwuzure
n.	floor	hasi
n.	flour	ifu; ubufu
verb	flow, to	gutemba
n.	flower	ishurwe (pl. amashurwe)
n.	fly	isazi (pl. amasazi)
verb	fly, to	kuguruka

45

parts of speech	english	Kirundi
n.	foam	ifuro
n.	fog	igipfungu
verb	fold again, to	kuzinga
verb	fold, to	gukonya
verb	follow, to	gukurikira
n.	folly	ubupfu
n. med	fontanel	uruhorihori
n.	food	indya
phrase	food for journey	impamba
n.	fool	igihuza (pl. ibihuza
verb	foolish, to be	kujujuta
n.	foot	ikirenge (pl. ibirenge)
n.	footprint	ikanda (pl. amakanda)
verb	forbid, to	kuvuna
verb	forbidden, to be	kuzira
verb	force, to	guhata
n.	ford	icambu
n.	forehead	uruhanga
n.	foreigner	umunyamahanga (pl. abanyamahanga)
n.	forerunner	integuza
n.	forest	ishamba (pl. amashamba)
verb	foretell, to	kuburira
verb	forget oneself, to	kuboyerwa
verb	forget, to	kwibagira
verb	forget, to	guhundukwa
adj.	forgetful	amazinda
phrase	forgetful, to be	kugira amazinda
verb	forgive, to	1. guharira 2. kurekurira
verb	forgiven, to be	kurekurirwa
n.	forgiveness	ikigongwe
n.	fork	ikanya (pl. amakanya)
adv.	formerly	mbere
verb	fortunate, to be	guhirwa
adj. & n.	forty	mirongwine
n.	fountain	isoko
adj. & n.	four	-ne
n.	fourteen	icumi na bane
n.	fowl	inkoko
n.	fox	imbgebge

46

parts of speech	english	Kirundi
n.	fracture	imvune
verb	fragile, to be	guhomba
n.	fragrance	ubumote
n.	franc	ifaranga (pl. amafaranga)
verb	free, to or to clear	gobotora
verb	freedom, to have	kwidegemvya
adj.	fresh, cool	-bisi
n.	Friday	kuwa gatanu
n.	friend	umugenzi (pl. abagenzi) 2. incuti
verb	frighten, to	gukanga
verb	frightened, to be	gucika ivutu
n.	frog	igikere (pl. ibikere)
adv.	front of, in	imbere
n.	froth, foam	ifuro
verb	frown, to	kunyinyirwa
verb	frugal, to be	kurondereza
n.	fruit	imbuto
verb	fry, to	gukaranga
verb	full, to be	kwuzura
verb	full, to be (not hungry)	kuboboka
n.	fun	ubuhirwe (pl. amahirwe)
n.	funeral mound	imva
n.	funnel	umubirikira (pl. imibirikira)
n.	fur	ubwoya
adv.	furthermore	ikigeretseko
n.	future	kera
n.	gain	inyungu
verb	gain, to	kwunguka
n.	game	umukino (pl. imikino)
n.	garbage	umwavu
n.	garden	umurima
n.	gardener	umurimyi (pl. abarimyi)
n.	garment	umwambaro (pl. imyambaro)
n.	gate	irembo (pl. amarembo)
verb	gather firewood, to	gusenya
verb	gather, to	kumyora
n.	gazelle	ingeregere
n.	generosity	ubuntu
verb	gentle, to be	kwengenga
adv.	gently	buhoro-buhoro
verb	germinate, to	kumera

parts of speech	english	Kirundi
verb	get up abruptly, to	kubaduka
verb	get up early, to	kuzinduka
verb	get used to, to	kumenyereza
verb	get, to	kuronka
n.	ghost	umuzimu (pl. abazimu)
n.	gift	ingabano, impano
n.	giraffe	umusumbarembe (pl. imisumbarembe)
n.	girl	umukobga (pl. abakobga); umwigeme
n.	girl (teenage)	inkumi
verb	give back, to	gusubiza
verb	give birth, to	kuvyara
verb	give in, to	kuronsa
verb	give someone a hand, to	gusahiriza
verb	give the proof, to	guhinyuza
verb	give, to	guha
verb	glad, to be	kunezerwa
n.	glance	kurerembuza
n.	glass	ikirahure (pl. ibirahure)
n.	glasses (eye)	ivyirori
n.	glutton	umunoho (pl. abanoho)
verb	go back to, to	gusanga
verb	go back, to	gusubira
verb	go for a walk, to	kugendagenda
phrase	go on further, to	kurombereza
phrase	go out (fire) , to	kuzima
verb	go quickly, to	gukingira
verb	go to bed, to	kuryama
phrase	go up hill, to	kuduga
phrase	go with, to	kujana
verb	go, to	kuja
verb	go, to; to leave	kugenda
n.	goat	impene
n.	God	Imana
n. med	goiter	umwingo
n.	gold	izahabu
n. med	gonorrhea	imburugu
adj.	good	-iza
interj.	good	ni vyiza
n.	Good afternoon.	Mwiriwe.
phrase	Good morning.	Bgakeye.
n.	good-bye	akababa

parts of speech	english	Kirundi
n.	good-night	ijoro ryiza
verb	gorge oneself, to	kwatira
n.	gorilla	ingagi
n.	gossip	urusaku
n.	gourd	agacuma (uducuma)
verb	govern, to	kuganza
n.	gown	ikanzu (pl. amakanzu)
verb	grab by the neck, to	kuniga
verb	grab, to; to seize	gucakira
n.	grace	ubuntu
n.	grain	urutete (pl. intete)
n.	grandchild	umwuzukuru (pl. abuzukuru)
n.	grandfather	sogokuru
n.	grandmother	nyogokuru
verb	grant, to	gukiranya
n.	grape	umuzabibu (pl. imizabibu)
n.	grass	ubwatsi
n.	grass bracelet	umunoni (pl. iminoni)
phrase	grass ring used to carry load	ingata
n.	grasshopper	agahori (pl. uduhori)
n.	grave	imva
n.	gravel	umucanka
adj.	gray (gray hair)	-vivi (uruvivi)
verb	graze, to	kurisha
adj.	great	-kuru
n.	great grandchild	umuzukuruza (pl. abuzukuruza)
n.	greed	ipfa
verb	greedy, to be	kwaguka
adj.	green (green plant) {color}	-toto (urwatsi rutoto)
adj.	green (unripe)	-toto
n.	green bean	umubimba (pl. imibimba)
n.	green bean	imikonyogo
verb	greet, to	gusanganira
verb	greet, to (in a letter)	kuramutsa
n.	greetings	indamukanyo
n.	grief	umubabaro, agahinda
verb	grieve, to	gutuntura
verb	grimace, to	kunyinyirwa
verb	grind, to	gusya
verb	grind, to	gusekura
n.	grinding stone	urusyo

49

parts of speech	english	Kirundi
verb	grit one's teeth, to (endure)	gushinyiriza
n.	groan	umuniho
verb	groan, to; to wail	kuniha
n.	groceries	insumano
n.	groin	umusumbi
n.	ground	hasi
verb	ground, to be	gusebwa
n.	group	umuco, inteko
verb	grow old, to	gutama
verb	grow, to	gukura
verb	growl, to	kugangara
n.	grumbling	umwidodombo (pl. imyidodombo)
n.	guard	umurinzi (pl. abarinzi)
n.	guard	izamu
verb	guard, to	kurinda
n.	guardian	umurezi (pl. abarezi)
verb	guess, to	gupfindura
n.	guest	umushitsi
n.	guest room	icumbi (pl. amacumbi)
n.	guide	umurongozi (pl. abarongozi)
n.	gum	ikinyigishi (pl. ibinyigishi)
n.	gun	ibunduki
n.	habit	ingeso
n.	hail	urubura
n.	hair (not human)	ubwoya
n.	hair (of human)	umushatsi
n.	half	inusu
n.	hammer	inyundo
n.	hand	ikiganza (pl. ibiganza)
phrase	hand tremor	gususumira
n.	hand, left	ukubamfu
n.	handle	umuhini
n.	handle of cup, pail	inkondo
verb	hang up, to	kumanika
verb	happen unexpectedly, to	kwubira
n.	happiness	umunezero
verb	happy, to be	kunezerwa
verb	happy, to make	kunezera
verb	hard, to be	kuguma
n.	hare	urukwavuz
verb	harm someone, to	guhemura

parts of speech	english	Kirundi
n.	harp	inanga
phrase	harsh person	umuhambazi (pl. abahambazi)
verb	harsh, to be	guhambara
n.	harshness	umwaga
n.	harvest	ishwabura
verb	harvest, to	kugesa
verb	harvest, to (fruit)	kwamura
n.	hat	inkofero
verb	hate, to	kwanka
phrase	have a good memory, to	gushira amazinda
n., med	have a prolapsed rectum, to	igisigo kirasohoka
verb	have a skin rash, to	guturika
verb	have a stool (bowel movement), to	kunya
verb	have an interview, to	gukebukana
verb	have back pain, to	kuvunika umugongo
verb	have chills, to	guhinda agashitsi
verb	have goose bumps, to	gushushirwa
verb	have menstruation	kuja mu butinyanka
verb	have something to eat, to	gufungura
verb	have stomach pain, to	kuribwa mu-nda
verb	have, to	-fise
verb	have, to	kugira
n.	hawk	igisiga (pl. ibisaga)
n.	haze	urwirungu
pronoun	he	we, weho
n.	head	umutwe (pl. imitwe)
verb	heal, to; to cure	gukiza
n.	health	amagara
n.	health center	ivuriro
adj.	healthy	-zima
verb	heap, to	kurunda
verb	hear, to	kwumva
n.	heart	umutima (pl. imitima)
n.	heat	ubushuhe
verb	heat, to	gushusha
adj. & n.	heathen	umupagani
n.	heaven	ijuru
verb	heavy, to be	kuremera
n.	hedge	uruzitiro (pl. inzitiro)
n.	heel	igitsintsiri (pl. ibitsintsiri)

parts of speech	english	Kirundi
n.	height	igihagararo
verb	help a sick person to walk, to	kwandaza
verb	help each other, to	gufatanya
phrase	help willingly, to	gutabara
verb	help, to	gufasha
n.	helper	umufasha (pl. abafasha)
n	helper of the sick	umurwaza (pl. abarwaza)
n.	hemorrhage	kuva amaraso
n.	hen	inkoko
adj & pr	her	we, -iwe
n.	herd	isho
adv.	here	hano, ino, aha
interj.	Here!	Sabwe!
verb	hesitate, to	gukekeranya
n.	hiccup	isefu
verb	hiccups, to have	gusefura
verb	hide, to	guhisha
n.	hiding place (secretly)	ubgihisho
adj.	high, deep	-re
n.	hill	umusozi (pl. imisozi)
pronoun	him	we
verb	hinder from getting, to	kubuza
verb	hinder one from going, to	gutangira
n.	hippopotamus	imvubu
verb	hire, to	kurarika
adj.	his	-iwe
phrase	hit many times, to	guhondagura
verb	hit, to	gukubita
verb	hoarse, to be	kujwigira
n.	hoe	isuka (pl. amasuka)
phrase	hoe, handle	umuhini
verb	hoe, to	kurima
verb	hold, to	gufata
n.	hole	icobo
n.	hole (made by mouse or rat)	umwimbe (pl. imyimbe)
n.	hole in clothes	icehere (pl. ivyehere)
phrase	hole, small (in an object)	intoboro
verb	hollow out, to	gukorogoshora
n.	Holy Spirit	Mpwemu Yera
prep.	home	kwa
phrase	home, to go	gutaha

parts of speech	english	Kirundi
verb	homeless, to be	kuzerera
n.	honey	ubuki
n.	honor	icubahiro
verb	honor, to	kwubaha
n.	hoof	urwara (pl. inzara)
n.	hook	igera (pl. amagera)
n.	hope	icizigiro
verb	hope, to	kwizigira
n.	horn (of animal)	ihembe
n.	horse	ifarashi (pl. amafarashi)
n.	hospital	1. ivuriro 2. ibitaro
verb	hot, to be	gushuha
n.	hour	isaha
n.	house (traditional)	house
adv.	how	-te
adv.	how (manner)	ukuntu, ubugene
phrase	How are you doing?	Urakomeye?
phrase	how many	-ngahe
phrase	How many times?	Kangahe?
adv.	however	yamara
adv.	however	mugabo
verb	hug, to	kugumbira
verb	humble, to be	kwiyorosha
n.	humerus	ikizigira (pl. ibizigira)
verb	humiliate oneself, to	kwaga hasi
verb	humiliate, to	gutetereza
verb	hunchback, to be	kurwara inyonzo
adj. & n.	hundred (one hundred)	ijana
n.	hunger	inzara
verb	hungry, to be	gusonza
n.	hunt	uruhigi
verb	hunt, to	guhiga
n.	hunter	umuhigi (pl. abahigi)
verb	hurry, to	gutebuka
verb	hurry, to	kwihuta
verb	hurry, to do in a	kubanguka
verb	hurt, to (another)	gutonekara
n.	husband	umugabo (pl. abagabo)
n.	husk	umuguruka (pl. imiguruka)
verb	husk, to	gutonora

53

parts of speech	english	Kirundi
verb	Hutu (social class)	Umuhutu (pl. Abahutu)
n.	hyena	imfyisi
n.	hypocrisy	uburyarya
verb	hypocrite, to be	kwiyorobeka
pronoun	I	jewe, jeho
phrase	I am going to...	Ndagenda...
phrase	I don't know.	Sindabizi.
phrase	I don't understand.	Sinumva.
phrase	I have...	Mfise...
phrase	I know.	Ndazi.
n.	idiot	ikijuju (pl. ibijuju)
n.	idol	ikigirwamana
conj.	if	iyo, namba, ni iyaba
n.	ignorance	ubupfu
verb	ignore someone to	kwirengagiza
n., med	iliopsoas	isohoro
verb	ill, to be	kurwara
n.	illegitimate child	ikivyarwa (pl. ibivyarwa)
n.	illness, disease, sickness, malady	indwara
verb	illuminate, to	kurabagiza
n.	image	igishushanyo (pl. ibishushanyo)
verb	imbibe, to	kubomba
verb	imitate, to	kwigana
adv.	immediately, right now	ubu nyene
verb	immerse, to	gucokeza
verb	impatient, get	kurambirwa
verb	impede, to	gutega
n.	impertinent	umweruzi
n.	importance	ubukuru
adj.	important	-kuru
verb	impossible to do, to be	kudashoboka
interj.	Impossible!	Kuka!
verb	impotent, to be	kumugara
verb	improve, to	gutenzukirwa
verb	improve, to (physically)	kworoherwa
prep.	in, into	mu
verb	inattentive, to be	gusamara
verb	incise to diminish pain, to (a traditional medicine technique)	guca ururasago
n.	incision	ururasago
verb	incomplete, to be	guhara

54

parts of speech	english	Kirundi
verb	increase, to	kwunguka
adv.	indeed; in fact	koko, bgite
verb	independent, to be	kwigaba
verb	indicate, to	kuranga
n.	indifference	igikonyo
n.	infant	uruyoya (pl. inzoya), uruhinja (pl imhinja)
phrase	infant with congenital deformities	urugagama (pl. ingagama)
verb	influence, to	kwosha
verb	inform, to	kumenyesha
verb	infringe, to	kuzirukanya
verb	inherit, to	kuragwa
n.	inheritance	umwandu
phrase	inheritance, to leave	kuraga
verb	injection, to receive an	urushinge, guterwa
verb	injured, to be	gukomereka
verb	inquire, to	kubariritsa
n.	insect	agakoko (pl. udukoko)
n.	insects (that make honey)	uruyuki (pl. inzuki)
adv. prep.	inside	imbere
verb	insist, to	kugobera
verb	inspect, to	kugenzura
verb	insult, to	gutuka
n.	insurgent	umugarariji (pl. abagarariji)
verb	intelligent, to be	gukerebuka
n.	intension	imigabo
adv.	intentionally	ibigirankana
n.	interest	amatsiko
verb	interpret, to ask to	gusobanura
verb	interrogate, to	kubaza
verb	intervene, to	kwikira
n. med	intestine, small	urura rw'amata
n., med	intestines	amara
prep.	into	mu
verb	introduce oneself, to	kurenguka
adj. & n.	invalid	umurwayi
verb	investigate, to	gutenyenya
verb	invite, to	gutora
verb	invite, to	gutumira
n.	iron (for clothes)	ipasi

parts of speech	english	Kirundi
n.	iron (ore)	icuma
verb	iron, to	gutera ipasi
verb	ironic, to be	guhema
verb	irritate, to	kuratsa
verb	irritating to the throat, to be	gukera
verb	is	-ri, ni
phrase	Is it true?	S'inkuru mbwirano?
phrase	is not	si
n.	island	izinga (pl. amazinga)
n	itch	amahere
verb	itch, to	guhurira
n.	jackal	imbgebge
n.	jail	umunyororo (pl. iminyororo)
n.	January	Nzero, ukwezi kwa mbere
n.	jaw	1. umubangabanga 2. uruhekenyero
verb	jealous, to be	gusharika
verb	jealous, to be (in past)	kugira ishari
n.	jealousy	ishari
n.	jealousy among spouses (of polygamous family)	akenese
n.	Jesus	Yesu
n.	job	akazi
verb	join, to	guteranya
verb	join, to (things, group)	gufatanya
n.	joint (anatomy), articulation	urugingo
n.	joint pains	igisozi
verb	joke, to	gufyina
n.	joy	umunezero
phrase	joy, cry shout of	impundu
n.	judge	umucamanza
verb	judge, to	guca urubanza
n.	judgement	urukiko
n.	July	Mukakaro, kuwezi kwa ndwi
verb	jump, to	gusimba
n.	June	Rwirabura, ukwezi kwa gatandatu
n.	jungle	ishamba (pl. amashamba)
n.	justice	iteka
verb	keep, to	kugumya
n.	key	urupfunguzo (pl. inpfunguzo)
phrase	kick	umugere
verb	kick, to	gutera umugere

parts of speech	english	Kirundi
n., med	kidney	ifyigo
verb	kill, to	kwica
n.	kiln	itanure
n.	kind (species)	ubgoko
phrase	kind person	umushiranzigo
n.	kindness	ubukundanyi
n.	king	umwami
n.	kingdom	ubwami
verb	kiss, to	gusoma
n.	kitchen	igikoni (pl. ibikoni)
n.	kite (bird)	ikinyakabaka
verb	knead (as in bread), to	gucumba
n	knee	ivi (pl. amavi)
n.	knee, back of	intege
verb	kneel down, to	gupfukama
verb	kneel, to	gupfukama
n.	knife	imbugita
verb	knit, to	kujisha
verb	knock, to	gukomanga
n.	knot	ipfundo
verb	knot, to make a	gupfundika
verb	know, to	1. kumenya 2. kurimbura
n.	knowhow	ubugenge
n.	knowledge	ubgenge
verb	known, to become	kumenyekana
n., med	kwashiorkor	inkonyozi
verb	lack, to	kubura
n.	ladder	ingazi
n.	lake	ikiyaga (pl. ibiyaga)
n.	lamb	umwagazi
n.	lamp	itara (pl. amatara)
n	land	ishamvu
n.	language	ururimi
n.	lap	ikibero
adj.	large	-nini
n.	lasso	impururu
verb	last, to have or make come	guheruka
phrase	late in the day, to get	kwira
verb	late, to be	guteba
adv.	lately	vubaha
adv.	later	hanyuma

57

parts of speech	english	Kirundi
verb	laugh, to	gutwenga
n.	laughter	ibitwengo
n.	launderer	umumeshi
n.	law	itegeko (pl. amategeko)
verb	lay eggs, to	guta amagi
n.	laziness	ubunebge
n.	lazy person	umunebge
verb	lazy, to be	kunebwa
phrase	lead animals to water, to	gushora amariba
verb	lead, to	gushorera
n.	leader	umugabisha (pl. abagabisha)
n.	leaf	ibabi (pl. amababi)
verb	leak, to	kuva
verb	lean against, to	kwegeka
verb	lean, to	guhengama
verb	learn, to	kwiga
n.	leash	umushumi (pl. imishumi)
verb	leave, to	guheba
verb	leaven, to	kwambira
n.	leech	umureberebe (pl. imireberebe)
adj. & n.	left	ibumoso
verb	left behind, to be	gusigara
adv.	left, on the	ibumoso
n.	leg	ukuguru (pl. amaguru)
n.	lemon	indimu
verb	lend, to	gutiza
n.	length (dimension, time)	uburebure
verb	lengthen, to	1. gutahura 2. kurehura
n.	leopard	ingwe
n.	leper	umunyamibembe
n.	leprosy	imibembe
verb	let, to	kureka
n.	letter (as in, I wrote a letter to a friend.)	icete
n.	letter (of alphabet)	inyuguti
phrase	Let's go!	Hoji!
verb	level, to (terrain)	gutaba
n.	liar	umubeshi (pl. ababeshi)
n.	liberty, freedom	umwidegemvyo
verb	lick, to	kurigata

parts of speech	english	Kirundi
n.	lid	umutemere (pl imitemere)
verb	lie down, to	kuryama
verb	lie, to	kubesha
n.	life	ubugingo
verb	lift, to	gukiriza
n.	light	umuco (pl. imico)
verb	light (kindle), to	gucana, kudomeka
n.	lightning	umuravyo
adj.	like	nka, bene
phrase	like that	-rtyo
adj.,pro.	like this	-rtya
verb	like, to	gukunda
verb	like, to be	gusa
n.	likeness	ishusho
n.	lime (substance)	ishwagara
n.	limit	urubibe
n.	line	umurongo (pl. imirongo)
n.	lion	intare
n.	lip	umunwa (pl. iminwa)
verb	listen, to	kwumvirisa
n. & adv	little	-to
phrase	little by little	buhoro-buhoro
verb	live a long time, to	kuramba
verb	live at, to	gutura
verb	live to	kubaho
n.	liver	igitigu
n.	lizard	umuserebanyi (pl. imiserebanyi)
n.	load	umutwaro
verb	load, to	gupakira
verb	load, to put down	gutura
verb	loan, to	gutiza
n.	lock of hair	ubusage
verb	lock, to	gukinga
n.	locust	uruyige (pl. inzige)
n.	lodging place	indaro
n.	log	urugiga (pl. ingiga)
n.	loincloth (small)	agahuzu (pl. uduhuzu)
n.	loneliness	irungu
verb	lonesome for, to be	gukumbura
adj.	long	-re

59

parts of speech	english	Kirundi
adv.	long ago	kera
verb	long for, to	gusamaza
verb	look at, to	kwirora
verb	look for faults in one another, to	kugenzanya
verb	look for, to	kurondera
verb	look into the air, to	kurangamira
verb	look up, to	kurarama
verb	look, to	kuraba
n.	lord	umwami (pl. abami)
verb	lose a lot of weight, to	kugogora
verb	lose reason, to	gusara
verb	lose weight, to	kwonswa
verb	lose, to	1. guta 2. gutakaza
verb	lost, to be	kuzimira
n.	louse	inda
n.	love	urukundo
verb	love, to	gukunda
adj.	low	-gufi
phrase	lower down	lower down
verb	lower, to	kumanura
verb	lucky, to be	guhirwa
verb	lukewarm, to be	kuzuyaza
n.	lullaby	igihozo (pl. ibihozo)
n.	lung	ihaha (pl. amahaha)
n.	lust	ubushakanyi
n.	machete	umupanga (pl. imipanga)
n.	maggot	inyo
n.	magic	ubumago
verb	maintain, to	kugumiriza
n.	maize, corn	ikigori (pl. ibigori)
verb	make a lasso, to	kunangira
phrase	make effort at childbirth	gutera igise
verb	make fun of, to	kunegura
verb	make good, to	kuryosha
verb	make happy, to	kunezera
verb	make known, to	kumenyesha
verb	make progress, to	kuyoboza
verb	make the earth tremble, to	kunyiganyiza
verb	make, to	guhingura
verb	make, to; to do	kugira
n.	malaria	inyonko

parts of speech	english	Kirundi
adj. & n.	male	izinamuhungu
n.	man	umugabo (pl. abagabo)
n.	man (married)	umugabo (pl. abagabo)
n.	mango (fruit)	umwembe
n.	manner	uburyo
adj.	many	-inshi
n.	map	ikarata (pl. amakarata)
n.	March	Ntwarante, ukwezi kwa gatatu
n.	mark	ibango
verb	mark, to	kudoma
n.	market	isoko
n.	marriage	ubukwe
verb	marry, to	kuragana
n.	marvel (f)	igitangaza (pl. ibitangaza)
verb	mash, to	gufyonyoka
n.	mason (skilled worker)	umufundi (pl. abafundi)
n.	master, my	databuja
n.	master, your	shobuja
n.	mat	ikirago (pl. ibirago)
n.	mat, small	umusezero
n.	matches, box of	ikibiriti
n.	May	Rusama, ukwezi kwa gatanu
adv.	maybe	kumbure, nkeka, yomba
pronoun	me	-anje
phrase	Me, too.	Nanje.
n.	meal	imfungurwa
verb	meal, to have (to eat)	gufungura, kurya
verb	measure, to	gupima
n.	measurement	urugero
n.	meat	inyama
n.	medication	umuti (pl. imiti)
n.	medication for diarrhea	umufutisho (pl. imifutisho)
n.	medicine	umuti (pl. imiti)
phrase	medicine, practice of	ubuvuzi
verb	meditate, to	kuzirikana
verb	meet, to	1. guterana 2. guhura
verb	meet, to go to	gusanganira
n.	meeting	iteraniro
phrase	meeting place	ihuriro
verb	melt, to (sugar)	gushonga

parts of speech	english	Kirundi
verb	melt, to cause to	kuyaga
verb	memorize, to	gusamagira
n.	memory	ubuzindutsi
verb	mend, to	kubarira
n., med	meningitis	mugiga
n., med	menopause	kujabuka
verb	menstruate, to	kuba mu maraso
n.	menstruation	ubutinyanka
n.	mercy	ikigongwe
adv.	merely	gusa
verb	merit, to	kuberwa
n.	message	ubutumwa
n	messenger	intumwa
n.	metal	icuma
n.	middle	hagati
n.	midnight	igicugu
verb	mild, to be	gutekereza
n.	mildew	ifira
n.	milk	amata
verb	milk, to	gukama
n.	millet	ururo
verb	mindreader, to be a	kuragura
adj.	minute (tiny)	-nzinya
n.	miracle	igitangaza
n.	mirror	icirori
n.	miserable person	umugorwa (pl. abagorwa)
verb	mislead, to	kuyobeza
verb	miss, to	gusiba
n.	mist	urwirungu
n.	mistake	ikosa, ifuti
verb	mistake, to make	kuyoba
n.	mistrust	amakenga
verb	mistrust, to	kwigenga
verb	mix, to	kuvanga
n.	mixture	ikivange
verb	moan continually, to; to complain continually	kuganyira
n.	moaning	akaborogo
n.	moaning	umuniho (pl. iminiho)
verb	mock, to	gushinyira
verb	modify, to	guhindura

parts of speech	english	Kirundi
n.	mold (botanical)	umufyira
n.	mole	ifuku (pl. amafuku)
n.	moment	ikivi
n.	Monday	kuwa mbere
n.	money	amafaranga
n.	mongoose	isambge
n.	monkey	inkende
n.	month	ukwezi (pl. amezi)
n.	mood	imico
n.	moon	ukwezi (pl. amezi)
adv.	more	-ndi
verb	more than, to be	gusaga
adv.	moreover	bitayeko, nubwo
adv. n.	morning	igitondo
n.	mortar (for grinding)	isekuro
n.	mosquito	umubu
n.	mother	mama w'umukondo
n.	mother my	mama
phrase	mother, his/her	nyina
phrase	mother, your	nyoko
n.	mountain	umusozi (pl. imisozi)
verb	mourn, to	kurira
verb	mourn, to	kuganya
n.	mourning	amaborogo
n.	mouse	imbeba
n.	mouth	akanwa
n.	mouth odor	ubwaku
verb	move, to	kwimura
verb	move, to (dwelling)	kwimuka
adj & pr	much	cane, -inshi
verb	much, to be too	gucaguka
n.	mud	ivyondo, urwondo
verb	multiply, to	kugwiza
n.	mumps	amasambambwika
n.	murder	ubgicanyi
n.	murderer	umwicanyi
n.	muscle	inyama
n.	mushroom	igihefo (pl. ibihefo)
verb	must	kurinda
n.	mute	ikiragi (pl. ibiragi)
adj.	my (my children)	-anje (abana banje) {singular = wanje)

63

parts of speech	english	Kirundi
phrase	my child	umwana wanje
phrase	my friend	incuti wanje
phrase	my husband	umugabo wanjye
phrase	My name is...	Nitwa... (Izina ryanje ni...)
phrase	my wife	umugore wanjye
n.	mystery	ibanga
n.	nail (metal)	umusumari
n.	naked person	umwambure (pl. abambure)
n.	name	izina
verb	name, to	kwita
verb	narrate, to	kudonda
verb	narrow, to be	gupfunganya
n.	nasal cartilage	umwiriri
n	nation	ishanga
n.	nature	akamere
n., med	nausea	ikirungurira, iseseme
phrase	nausea, to provoke	gusesema
n. med	nausea, to feel	kurungurirwa
adv. prep.	near	hafi
verb	necessary, to be	gukwira
n.	neck	izosi (pl. amazosi)
n.	need	ubukene
verb	need, to	gukena
n.	needle	urushinge (pl. inshinge)
verb	neglect, to	kwayaya
n.	negligence	urwangara
verb	negotiate a marriage, to	kuresha
n.	neighbor	umubanyi (pl. ababanyi)
n.	nephew	umusengezana
n.	nephew or niece	mwishwa
n.	nerve	umutsi
n.	nest	icari (pl. ivycari)
verb	nest, to make	kwarika
n.	net	urusenga (pl. insenga)
adv.	never	nta ho
adv.	nevertheless	mugabo
adj.	new	-shasha
adj.	new	-sha
adj.	new	-sha
n.	news	amakuru

64

parts of speech	english	Kirundi
adv.	next to	hampande
verb	nibble, to	guhekenya
adj.	nice	-iza
adv.	nicely	neza
n.	niece	umusengezana
n.	night	ijoro
verb	night, to be	kwira
adj.	nine	cenda
n.	nineteen	icumi n'icenda
n.	ninety	mirongwicenda
adj., adv.	no	oya (oyaye is emphatic)
n.	noise	urwamo
n.	noise from (striking) a hammer	umuvuba (pl. imivuba)
verb	noise, to make	kuyogora
pronoun	none	nta, ata
n.	noon	isaha sita
n.	north	ikasikazi
n.	nose	izuru
n.	nostril	itonde
adv.	not	nta, ata
phrase	Not at all!	Ishwi!
adv.	not in the least	namba
n.	notebook	igitabu (pl. ibitabu)
pronoun	nothing	ubusa
verb	notify, to	kuburira
n	nourishment	indya
n.	November	Munyonyo, ukwezi kwa cumi na rimwe
adv.	now	ubu
adv.	now, right	ubu nyene, non'aha
phrase	numb, to be	gutimba
n.	number	igiharuro
n.	nurse (female)	umuforomakazi (pl. abaforomakazi)
n.	nurse (male)	umuforoma (pl. abaforoma)
n.	oar	ingafe
n.	oath	indahiro
verb	obedient, to be	kuganduka
verb	obese, to be	kubingagira
verb	obey, to	kwitondera
verb	obey, to	kwumvira
verb	observe, to	kuziririza

65

parts of speech	english	Kirundi
verb	obstruct, to	kuzibira
verb	obtain, to	kuronka
n.	occasion	uburyo
n.med	occiput	inkomokomo
n.	ocean	ikiyaga (pl. ibiyaga)
n.	October	Gitugutu, ukwezi kwa cumi
verb	offer a gift, to	1. gutura 2. gutanga
verb	offer reparations, to	guhongera
verb	offer to wash a guest's hands (before a meal)	gukarabisha
n.	offering	ituro (pl. amaturo)
n.	office	ibiro
adv.	often	kenshi
n.	oil	amavuta
n.	old man	umusaza (pl. abasaza) 2. umutama
n.	old woman	umukamakare (pl. abakamakare)
verb	old, to become	gusaza
n.	older brother of boy or older sister of girl	mukuru
verb	omit, to	guhaza
prep.	on	ku
phrase	on the contrary	ariho
adv.	once	rimwe
adj. & n.	one	-mwe
n.	onion	igitunguru (pl. ibitunguru)
adv.	only	gusa
adv.	only	-sa
verb	open (as flower), to	kwatura
verb	open the eyes. to	1. guhumura 2. gukanura
phrase	open the mouth, to	kwasama
verb	open up, to (flower)	kwatura
verb	open, to	gukingura
verb	operate (medical), to	kubaga
n.	opportunity	uburyo
verb	oppose, to	kwanka
verb	oppress, to	guhahaza
prep.	or	canke
n.	oral cavity	akanwa
n.	orange (color)	umutugutu
n.	orange (fruit)	umucungwe (pl. amacungwe)
verb	ordain, to	kwatira

66

parts of speech	english	Kirundi
verb	order, to	gutegeka
verb	order, to put in	kuringaniza
n.	origin	inkomoka
n.	orphan	imfuvyi
adv.	otherwise	ahandiho
conj.	otherwise	ukundi
verb	ought (to have to), must	gukwira
adj.	our (our children)	-acu (abana bacu) {singular = wacu}
adv.	out	hanze
adv.	out of	mu
adv.	outside	hanze
prep.	over	ku
phrase	over and above, to be	gusaguka
adv.	over there	hariya
verb	overcharge, to	kuzimba
verb	overcome, to; to defeat	gutsinda
verb	overflow, to	gusesekara
n.	oversight (omission)	urwiba
verb	overturn, to	gusunuza
n.	overwhelming sunshine	umutari
verb	overwork, to (I was fatigued.)	gutama (Ndatamye.)
n.	owl	igihuna (pl. ibihuna)
verb	own, to	gutunga
n.	owner	nyene
verb	pack, to	gupakira
n.	packet	uruboho (pl. imboho)
verb	paddle, to	gusoza
n.	padlock	igufuri
n.	page	urupapuro
n.	pail	indobo
n.	pain	umubabaro
verb	pain, to have; to suffer	gucumukura, kubabara
n.	paint	irangi
verb	paint, to	kuraba
n. med	palate	amagage
n.	palm of hand	urushi (pl. amashi)
verb	palpate, to	kugaragura
n. med	palpitations, to have	kudidagira
n., med	pancreas	igitabazi
n.	pants	ipatalo (pl. amapatalo)
n.	papa	data (my father)

parts of speech	english	Kirundi
n.	papaya	ipapayi
n.	paper	urupaparo
n.	parable	umugani (pl. imigani)
verb	parallel, to be	kubanga
n.	paralysis	ubumuga
verb	paralyzed, to be	kumugara
n.	pardon, forgiveness	ikigongwe (pl. ibigongwe)
verb	pardon, to	guharira
n	parent	umuvyeyi (pl. abavyeyi)
n.	parrot	gasuku
n.	part	igice
verb	part with, to	gutandukana
n.	partition	urusika (pl. insika)
n.	partridge	inkware
verb	pass between, to	kunyura
verb	pass by, to	gukikira
verb	pass flatus, to	gusurira
verb	pass the night alone, to	kwiraza
verb	pass the night, to; to spend the night	kurara
phrase	pass through, to	guca
verb	pass, to	guhita
verb	pasture, to	kurisha
n.	patch	ikiremo (pl. ibiremo)
n.	path	inzira
n.	patience	urwihangane
verb	patient, to be	kwihangana
n.	pattern	ikigereranyo
n.	pay (noun)	igihembo
verb	pay a visit to family of the deceased, to	gusuhuza
verb	pay debt, to	kwishura
verb	pay dowry, to	gukwa
verb	pay, to	guhemba
n.	payment	inyishu
n.	pea	ubushaza (no pl.)
n.	peace	amahoro
n.	peak (mountain)	impinga
n.	peanut	icema (pl. ivyema)
verb	peck, to	kunoba
verb	peddle, to	kugurisha
verb	peel, to	guhwata
n.	peelings	igishishwa (pl. ibishishwa)

68

parts of speech	english	Kirundi
n.	pencil	ikaramu
verb	penetrate, to	kunyegera
n.	people	abantu
n.	pepper	ipiripiri
adv.	perhaps	kumburo, yomba
n.	period	kaburungu
verb	perish, to	guhenebera
verb	perish, to (He is dying.)	guhera (Yaheze.)
n.	permission	uruhusha
verb	permit, to	kureka
verb	persecute, to	guhama
n.	persecution	akadenderezo
verb	persevere, to	1. gushimika 2. gushishikara
n.	person	umuntu (pl. abantu)
phrase	person of good character	umweranda
n.	perspiration	icuya
verb	perspire, to heavily	kubira icuya
verb	persuade, to	gukiranira
n.	petroleum	ibitoro
n.	phlegm	igikororwa
n.	phobia	ubwoba
verb	pick a fight, to	guhumana
verb	pick up, to	1. gutora 2. kuyora
verb	pick, to	gusoroma
n.	picture	ishusho
n.	piece	igice
verb	pierce, to	gutobora
n.	pig	ingurube
n.	pigeon	inuma
verb	pile carefully, to	kurundarunda
verb	pile up, to	kurunda
n.	pill	umuti (pl. imiti)
n.	pillar	inkingi
n.	pillow	umusego (pl. imisego)
n.	pin	umusumari
n.	pineapple	inanasi
n.	pipe (hose)	umugano (pl. imigano)
n.	pit	urusumanyenzi
n.	pity	ikigongwe (pl. ibigongwe)
phrase	pity for, to have	kubabarira
n.	place	ahantu

69

parts of speech	english	Kirundi
verb	place a roof, to	gusakara
n., med	placenta	ingovyi
n.	plain (near river)	igitega (pl. ibitega)
verb	plan, to	guteganya
n.	plant	imbuto
verb	plant, to	gutera
verb	plaster, to	guhoma
n.	plate	isahane
verb	play, to	gukina
verb	plead, to	kuburana
verb	please, to	kunezera
phrase	Please.	Ndabigusavye.
n.	pleasure	igihimbaro
n.	plunder	isahu
verb	plunge, to	gucokera
n.	pneumonia	umusonga
n.	point	isonga (pl. amasonga)
n.	poison	uburozi
verb	poison, to	kuroga
verb	polish wood, to	kubaza
verb	polish, to	gukurungira
verb	pollute, to	gutobera
n., med	polyuria	kunyaragura
verb	ponder, to	kuzirikana
n.	pool	umunyika
adj.	poor	umukene (pl. abakene)
phrase	poor person	umworo
verb	poor, to be	gukena
n.	porch	urubaraza
n.	pork, hog	ingurube
n.	porridge	umwengano
n.	portion	umugabane
verb	pose a riddle, to	gupfinda
verb	possess, to	gutunga
verb	possible, to be	gushoboka
n.	post	inkingi
verb	postpone, to	gusivya
verb	postpone, to	gusibisha
n.	pot (small clay)	urwavya
n.	pot (water pot)	ikibindi (pl. ibibindi)
n.	potato, sweet	ikijumba (pl. ibijumba)

70

parts of speech	english	Kirundi
n.	potato, white	ikiyara
verb	pour, to	gusuka
n.	poverty	ubukene
n.	powder	ipuderi (pl. amapuderi)
n.	power	inganji
n.	power (authority)	imbaraga
n.	power (strength)	ubushobozi
verb	practice, to	kwimenyereza
n.	praise	ishimwe
verb	praise, to	gushima
verb	pray, to	gusenga, gusaba
n.	prayer	isengesho
verb	preach, to	gusigura
n.	preacher	umusiguzi (pl. abasiguzi)
verb	precede, to	kubanziriza
verb	preference, to have a	gupfuma
n.	pregnancy	inda
verb	pregnant, to be	1. gusama inda 2. gutwara inda
verb	pregnant, to be	kuremerwa
n.	preparation	imigabo
verb	prepare, to	gutegura
n.	prescription	iteka
n.	present (gift)	ituro (pl. amaturo)
verb	press, to	kubanda
n.	pretext	urwitwazo
adj.	pretty	-iza
verb	prevent, to	kubuza
n.	prey, bird of	igisiga (pl. ibisiga)
n.	price	igiciro
n.	pride	igabo
n.	pride	amanyama
n.	priest	umupadiri (pl. abapadiri)
n.	prince	umuganwa (pl. abaganwa)
verb	print, to	kudoma
n.	prison	umunyororo (pl. iminyororo)
n.	prisoner	umunyororo (pl. abanyororo)
verb	procrastinate, to	kwirengagiza
verb	produce abundantly, to	gutengengera
n.	professor	umwigisha (pl. abigisha)
n.	profit (increase)	inyungu
verb	profit, to	kwunguka

71

parts of speech	english	Kirundi
verb	prohibit, to	kubuza
verb	prolific, to be	kurondoka
n.	promise	indagano
verb	promise, to	gusezerana
verb	prone position, to be in the	kwubika inda
verb	pronounce clearly, to	kwatura
n.	proof	icagiriza
n.	property	ishamvu
verb	prophesy	kuburira
n.	prophet, seer	umuhanuzi
n.	prosperity	umugisha
verb	protect, to	gutunga
verb	proud, to be	kunina
n.	proverb	umugani (pl. imigani)
verb	prune, to	gukeba
verb	publish, to	kumenyesha
verb	pull out, to	gushingura
verb	pull, to	gukwega
n.	pumpkin	umwungu (pl. imywungu)
phrase	punch	ikofe
verb	punish, to	guhana
n.	punishment	igihano
n.	pupil (student)	umwighishwa (pl. abigishwa)
n., med	pupil, (eye)	imbone
n.	puppy	ikibunda (pl. ibibunda)
adj. & n.	purple	-tugutu
n.	purpose	urwego
n.	purse	umufuko (pl. imifuko)
verb	pursue, to	kurondogora
n., med	pus	amashira
verb	push away, to	kubika
verb	push violently, to	gusunura
verb	push, to	gusunika
verb	put back, to	gusubiza
verb	put into the water, to (in order to cross a river)	kwiroha
verb	put to bed, to	kuryamika
verb	put, to	gushira
verb	puzzled, to be	kuzazanirwa
n.	pygmy	umutwa

parts of speech	english	Kirundi
n.	python	isato
verb	quarrel, to	guharira, guhazana
n.	quarrels	amahane
n.	queen	umwamikazi
phrase	queen bee	umwiru (pl. imyiru)
verb	quench one's thirst, to	kwica inyota
n.	question	ikibazo
adv.	quickly	1. n'ingoga 2. vuba
verb	quiet, to be	kunuma
verb	quit work for the day, to	kugodoka
n.	rabbit	urukwavu (pl. inkwavu)
n.	racket (noise)	urwamo (pl. inzamo)
n.	raft	igitebo (pl. ibitebo)
n.	rag	agashambara (pl.)
n.	rain	imvura
verb	rain, to	imvura kugwa
n.	rainbow	umukororomvyi
n.	rainy season	itumba
n.	rainy season (September-October)	agatasi
verb	raise eyes, to	kurarama
verb	raise the voice, to	kurangurura
verb	raise, to	gusokora
n.	ram	isuguru
n.	ransom	incungu
verb	rape, to	guterura
n.	rat	imbeba
adv.	rather (but rather)	bambe, ariho
n.	ravine	umukuku (pl. imikuku)
adj.	raw	-bisi
n.	ray (of sun)	ikibengbenge
n.	razor	urwembe
verb	reach, to	kurindira
verb	read, to	gusoma
verb	ready, to be	kugaba
verb	reappear at the surface of the water, to	kwiburuka
n.	reason	impamvu
verb	reason, to	kwiburanya
verb	rebel, to	kumenja
n	rebellion	ubugarariji
verb	rebuke, to	gukankamira

parts of speech	english	Kirundi
verb	receive, to	kuronka
adv.	recently	vuba
verb	reclaim, to	kwaka
verb	recognize, to	kumenya
verb	reconcile, to	kwuzuza
verb	recover from grave illness, to	gukira
verb	recover, to (from illness)	kurokoka
n., med	recurrent fever	kimputo
adj. & n.	red	urugina
verb	redeem, to	gucungura
verb	reduce, to; diminish, to	kugabanya, kugabanuka
n.	reeds	urubingo (pl. imbingo)
verb	reflect on, to (contemplate)	kwitegereza
n.	refuge	ubuhungiro
verb	refuse categorically	guta agati
verb	refuse to marry, to	kubenga
verb	refuse to pay debt, to	guherana
verb	refuse, to	kwanka
verb	regain consciousness, to	kurabuka
verb	regain, to	kwokoka
n.	region	intara
verb	rejoice, to	kunezerwa
n.	relationship	isano
verb	relax, to	kubangura
verb	release, to	kurekura
n	religion	idini
verb	remain, to	kuguma
n.	remedy	umuti (pl. imiti)
verb	remember easily, to	kuzinduka
verb	remember maliciously the memory of a dead person, to	gucuza
verb	remember, to	kwibuka
verb	remind, to	kwibutsa
n.	reminder	icibutso
verb	remove, to	gukura
verb	repair a house, to	gusanura
verb	repair, to	gusana
verb	repeat, to	gusubira
verb	repent, to	kwihana
verb	replace, to	gusigarira

parts of speech	english	Kirundi
verb	reprimand, to	gukankamira
verb	request, to	kubaza
verb	rescue, to	gukiza
n.	rescuer	umukiza
verb	resemble, to	gusa
n.	resentment, grudge	inzika
n.	respect	icubahiro
verb	respect, to	kwubaha
n.	respite	ikiruhuko
verb	respond, to	kwishura
n.	response	igisubizo (pl. ibisubizo)
n.	rest	ikiruhuko
verb	rest, to	kuruhuka
verb	resurrected, to be	kuzuka
n.	resurrection	izuka
verb	retrace the path	gukubirana
verb	return to one's mother's home after leaving one's spouse	kugenda buje
verb	return, to	gusubira
verb	return, to	kugaruka
verb	reveal, to	guhishura
verb	revive, to	guhembuka
n.	revolt	umugome
verb	revolt against, to	kugoma
n.	reward	ingero
n.	rhinoceros	inkura
n.	rice	umuceri (pl. imiceri)
n.	rich person	umutunzi
verb	rich, to be (to have many cows)	gutunga
n.	riddle	igisokozo (pl. ibisokozo)
adj. & n.	right	uburyo
phrase	right now, right away	non'aha
phrase	right, on the	iburyo
verb	right, to be	kugororoka
phrase	right., All	Niko.
n.	ring	impeta
verb	rip, to	gutantamura
verb	ripen, to	kwera
verb	rise (from lying position); to get up	kuvyuka
verb	rise, to (sun)	kurasa

75

parts of speech	english	Kirundi
n.	river	uruzi
n.	road	umuharuro
verb	roast, to	gukaranga
n.	robber	umusuma (pl. abasuma)
n.	robe, dress	ikanzu (pl. amakanzu)
n.	rock	urutare
verb	rock a baby, to	kuzungagiza
verb	roll along, to	gusegenyeza
n.	roof	igisenge
phrase	roof, to put on	gusakara
n.	room (in house)	icumba
n.	rooster, cock (fowl)	isake
n.	root	umuzi (pl. imizi)
n.	rope	umugozi (pl. imigozi)
n.	rosary	irozari (pl. amarozari)
verb	rot, to; to deteriorate	kubora
verb	round, to be	kwibumba
n.	row	umurongo (pl. imirongo)
verb	row, to (boat)	gusoza
verb	rub, to	gukuyakuya
n.	rubber	umupira
n.	rug	umukeke
n.	rule	itegeko (pl. amategeko)
verb	rule, to	guhahaza
n.	ruler (person)	umugabisha
verb	rumble, to (intestines)	kunyororwa
verb	run very fast, to	kwubuka
verb	run, to	kwiruka
n.	rural	igihugu (pl. ibihugu)
n.	rust	ingese
n.	sack, bag	isaho
n.	sacrifice	ikimazi
verb	sacrifice, to	guheba
n.	sadness	umwikomo (pl. imyikomo)
n.	sadness	akabonge
phrase	sake of, for the	kubga
n.	salary	igihembo
n.	saliva	amate
n	salt	umunyu
n.	salvation	agakiza
adj & pr	same	hamwe

parts of speech	english	Kirundi
n.	sand	umusenyi
n.	sandal	inkweto
phrase	satisfied, to be (ate enough)	guhaga
verb	satisfy, to	guhaza
n.	Saturday	kuwa gatandatu
verb	save, to	1. gukiza 2. kuzigama
verb	save, to	gucungura
verb	save, to	kubika
n.	savior	umukiza
n.	saw	umusumeno
verb	saw, to	gukerera
verb	say, to	kubarira
n.	scar	inkovu
verb	scatter, to	gusaba
n.	school	ishuli (pl. amashuli)
verb	scold, to	guhana
n.	scorn	agasuzuguro
verb	scorn, to; to despise	kugaya
verb	scrape, to	guharura
n.	scratch	umukwabu
verb	scratch lightly, to	kwaga
verb	scratch oneself, to	kwiyaga
verb	scratch, to	gukuba
verb	scream, to	gutura ubuku
verb	scrub, to	gufyikinyura
n.	sea	ikiyaga
verb	search in vain, to	kujarajara
verb	search, to	kurondera
n.	seat	icicaro (pl. ivyicaro)
n.	secret	ibanga (pl. amabanga)
n.	section	igico
verb	sedentary, to be	kuvunda
phrase	see suddenly, to	kurabukwa
phrase	See you...	Tuzobonana...
verb	see, to	1. kubona 2. kuraba
n.	seed	imbuto
verb	seek, to; search, to	kurondera
verb	seize, to	kuramata
verb	select, to	kurobanura
n.	self	nyene
n.	self-respect	ubwikunzi

parts of speech	english	Kirundi
phrase	selfish, to be	kwigunga
n.	selfishness	ubugunge
verb	sell, to	kugura
verb	send, to	gutuma, kurungika
adj. & n.	senior, great, elder	-kuru
verb	separate, to	1. gutanya 2. kuvangura
n.	September	Nyakanga, ukwezi kwa cenda
n.	servant (female)	umuja (pl. abaju)
n.	servant (male or female)	umusuku (pl. abasuku)
n.	servant (male)	umugaragu (pl. abagaragu)
verb	set a time, to	guhenga
verb	set fire, to	guturira
verb	set the table, to	gupanga ameza
verb	set, to (sun)	kurenga
adj. & n.	seven	ndwi
n.	seventeen	icumi n'indwi
adj. & n.	seventy	mirongwirindwi
verb	sever, to	guca
n.	severity	ubuhambazi
verb	sew, to	kubarira
n.	shadow, shade	igitutu
verb	shake one's head in disgust, to	kuzunguza umutwe
verb	shake hands, to	gukorana mu minwe na
verb	shake, to	guceka; kuzungagiza
verb	shake, to (as rug)	gukunguta
n.	shame	isoni
verb	shameless, to be	kwerura
verb	share with others, to	kubungirana
verb	sharp, to be	gutyara
verb	sharpen, to	1. gukarisha 2. gutyaza
verb	shatter, to	kwasana
verb	shave the head, to	kumwa
pronoun	she	we, weho
n.	sheep	intama
n.	sheet	ishuka (pl. amashuka)
n.	sheet metal	ibati (pl. amabati)
phrase	sheet of paper	urukaratasi
verb	shell the corn, to	guhungura
verb	shell, to	gutonora

78

parts of speech	english	Kirundi
n.	shelter	urusago (pl. insago)
phrase	shelter from rain	umutara
verb	sheltered from the rain, to be	kwugama
n.	shepherd	umwungere
verb	shepherd, to	kuragira
n.	shield	inkinzo
verb	shield, to	gukingiriza
verb	shine, to	kwaka
n.	shirt	ishati (pl. amashati)
n.	shiver	umushitsi
verb	shiver, to	kuja mu gashitsi
n.	shoe	ikirato (pl. ibirato)
verb	shoot an arrow, to	kurasa
verb	shoot, to (gun)	gukwega
n.	shop	iduka (pl. amaduka)
n.	shore (of river)	inkombe
adj.	short	-gufi
verb	shorten, to	kugerura
n.	shoulder	urutuga (pl. intuga)
verb	shout for help, to	gutaka
phrase	show contempt by spitting	gucira inyeri
phrase	show oneself, to	kwibura
verb	show the way, to	kuyobora
verb	show, to	kwereka
verb	shrink, to	gutuna
verb	shut, to; to close	gukinga
n.	sibling	umuvukanyi (pl. abavukanyi)
verb	siblings, to be	kuvukana
n.	sick child	uruzingo (pl. inzingo)
n.	sick person	umurwayi
verb	sick, to be	kurwara
phrase	sick, to care for the	kurwaza
n.	side	uruhande
prep.	side of, on the	iruhande
adj.	side, on this	hino
verb	sigh, to	kuniha
n.	sign	ikimenyetso (pl, ibimenyetso)
verb	signal to come, to	kwakura
n.	silence	agacerere
verb	silent, to be	guhora
n.	silver	ifeza

79

parts of speech	english	Kirundi
n.	sin	igicumuro
verb	sin, to	gucumura
adv.	since	nuko
conj.	since	ko
verb	sing a lullaby, to	kubikira
verb	sing, to	kuririmba
verb	sink, to	kwibira
n.	sinner	umwononyi (pl. abononyi)
n.	sister (boy's sister)	mushiki
n.	sister (girl's older sister)	mukuru
verb	sit, to	kwicara
adj. & n.	six	-tandatu
phrase	six times	gatandatu
adj. & n.	sixty	mirongwitandatu
n.	size	ubunini
adj.	skillful	inkerebutsi
n.	skin	urusato
verb	skin eruption, to have a (pustules)	guturika
verb	skirt around, to	gukikira
n.	sky	ijuru
verb	slacken, to	gutenzura
verb	slacken, to	kubanuka
n.	slander	igitutsi
verb	slander, to	gucokora
verb	slander, to	gutuka
n.	slap	inshi
verb	slap, to	gushikiza inshi
n.	slate (to write on)	urubaho (pl. imbaho)
n.	slave	umugurano
n.	slavery	ubugurano
n.	sleep	itiro
verb	sleep, to	gusinzira
n.	sleeping sickness	uruwe
n.	slice	igice
verb	slide, to	gusiduka
adv.	slightly	buhoro
n	slope	agahanamo (pl. uduhanamo)
adv.	slowly	buhoro
verb	slowpoke, to be a	kwinonzora

80

parts of speech	english	Kirundi
adj.	small	-toya
n.	small bottle	agacupa (pl. uducupa)
n.	smallpox	ibihara
verb	smash up, to	gufyonyora
verb	smell good, to cause to	kumota
verb	smell, to	kwumva
verb	smile, to	kunyinyura
n.	smoke	umwotsi
verb	smoke, to	kunywa itabi
verb	smooth, to	gukuyengeza
n.	snail	igifwera (pl. ibifwera)
n.	snake	inzoka, ikiyoka
verb	snap the fingers, to (in anger)	guca inoni
n.	snapping of the fingers	inoni
verb	sneeze, to	kwasamura
verb	snore, to	gufuhagira
n.	snow	urubura
conj.	so	rero
adv., conj.	so	-tyo (gutyo)
verb	soak, to (in water)	kujobeka
n.	soap	isabuni
verb	sob, to	kubogoza
verb	soft, to be	kworoha
n.	soil	ivu
n.	soldier	umusirigana (pl. abasirigana)
verb	solve a riddle, to	gupfindura
adj.	some (some men)	-mwe (bamwe)
adv.	sometimes	hamwehamwe
adv.	sometimes	rimwe na rimwe
adv.	somewhere else	ahandi
n.	son	umuhungu (pl. abahungu)
n.	song	indirimbo
adv.	soon	ningogo
adv.	soon	vuba
n.	soot	umuvyiro
n.	sore (ulcer)	igikomere (pl. ibikomere)
n.	sorghum	amasaka (sing. ishaka)
n.	sorrow	agahinda
n.	sorrow, major	urukizi
phrase	sour taste	urubu

parts of speech	english	Kirundi
verb	sour, to be	kubiha
n.	south	ikusi
verb	sow, to	kubiba
n	space	umwanya
verb	space out, to (ie. payments)	kurutanya
verb	spasms, to have	gusamba
n.	spatula	umukuka (pl. imikuka)
verb	speak carelessly, to	gufudika
verb	speak incoherently, to	kuvovota
verb	speak, to	kuvuga
n.	spear	icumu
n.	speech	imvugo
n.	speed	ingoga
n.	sphere	imburungu
n.	spider	igitangurirwa
verb	spill, to	gusesa
n.	spirit	umutima (pl. imitima)
n.	spit	igikororwa
verb	spit, to	gucira amate
verb	split, to	guhimbura
verb	spoil, to	kwonona
verb	spoil, to (food)	kugasha
n.	spoils	urunyago
n.	spoon	ikiyiko
verb	spread out, to	kwangaza
verb	sprinkle, to	gutotera
verb	sprinkle, to	kumija
verb	spurt out, to	kunega
n., med	sputum (purulent)	igikororwa
n.	spy	umutasi
verb	spy on, to	gusura
verb	squander, to	kwayaya
n.	squash (botanical)	umwungu
verb	squeak, to	kujwigira
verb	squeeze, to	gukanya
verb	squint, to	guhunyereza
n.	staircase	ingazi
verb	stammer, to	kugigimiza
verb	stamp one's feet	gukandagira
verb	stand up straight, to	guhagarara
verb	standing, to remain	kwema

82

parts of speech	english	Kirundi
n.	star	inyenyeri
verb	stare wide-eyed, to	gukanaguza
verb	start, to	kwandama
verb	start, to give a	guhababuka
n.	starvation	isari
verb	stay, to; to remain	kuguma, guhama
verb	steal, to	kwiba
n.	steam	umwuka
verb	step, to	gutambuka
verb	sterile, to be (infertile)	kugumbaha
n.	sterility (barrenness)	ubugumba
n.	steward	umujanama
n.	stick	igiti (pl. ibiti)
phrase	stick of firewood	urukwi (pl. inkwi)
verb	stick to, to	kwomeka
verb	stick together, to	gufatana
n., med	stiff neck	urukebu
n.	sting (of bee)	umugera
verb	sting, to	kurya
verb	stink, to	kunuka
verb	stir, to; shake, to	kuvanga
n., med	stomach	inda
n.	stone	ibuye (pl. amabuye)
n., med	stool (excrement)	umusarani, amavyi
verb	stoop down, to	kwunama
verb	stop talking, to	kwonjorora
verb	stop up, to	kuzibiza
verb	stop working, to	kugodoka
verb	stop, to	kureka
n.	stopper (in bottle), cork	igipfundikizo
n.	store (shop)	iduka (pl. amaduka)
n.	storehouse	ikigega
n.	storm	inkubi
n	story	umugani (pl. imigani)
verb	straight, to be (as in line)	kugororoka
verb	straighten that which is bent, to	kugorora
verb	strangle, to	kuniga
n.	straw (to cover a roof)	ubwatsi
n.	stream (small river)	uruzi (pl. inzi)
n.	street	inzira
n.	strength	inkomezi

parts of speech	english	Kirundi
n.	strength, force	intege
phrase	stretch out (arm), to	kuramvura
verb	stretched, to be	kwaguka
n.	stretcher	igitebo
n.	stretcher used to carry a corpse	ikigagara (pl. ibigagara)
n.	strife	intambara
verb	strike, to (hit)	gukubita
n.	string	umugozi (pl. imigozi)
verb	strive for, to	gukobeza
phrase	strong man	umunyenkomezi
verb	strong, to be	gukomera
verb	struck by lightning, to be	guhundagara
phrase	stubborn person	intakonywa
verb	stubborn, to be	kugimira
verb	stuck, to be	guhamangira
verb	study, to	kwiga
verb	stumble over words, to	gufudika
verb	stumble, to	gutsitara
verb	stupid, to be	kujujuta
verb	stutter, to	kugigimiza
verb	submerge, to	kurotsa
verb	submissive, to be	kuganduka
verb	succeed, to	kurangirira
verb	successful, to be	kwererwa
verb	suck, to	kununuza
verb	suck, to	kwonka
verb	suddenly, to appear	guturumbuka
phrase	suffer physically or emotionally	umubabaro
verb	suffer, to	kubabara
verb	suffice, to	gukwira
n.	sugar	isukari
n.	sugar cane	igikaju (pl. ibikaju)
n.	suggestion	inyosha
verb	suitable, to be	kubera
n.	sun	izuba
phrase	sun, to put out in	kwanikira
n.	Sunday	icumweru (umusi w'Imana)
n.	supper	uburariro
verb	supple, to be	kunonoka
verb	support, to	kushigikiza
verb	suppose, to	kugira ngo

84

parts of speech	english	Kirundi
verb	suppress, to	kubuza
verb	surpass, to	kuruta
verb	surprise, to	1. gutangaza 2. kujorera
verb	surround, to	1. gukenyeza 2. guhagatira
verb	suspect, to	gukeka
verb	suspend, to	1. gutarika 2. kumanika
verb	swallow, to	kumira
n.	swamp, marsh	urufunzo
verb	swap, to	gukaba, kugurana
n.	swarm	amarwi
n.	sweat	icuya
verb	sweat, to	kubira icuya
n.	sweater	umupira
verb	sweep, to	gukubura
n.	sweet potatoes	ikijumbu (pl. ibijumbu)
verb	swell, to	gutumba
verb	swell, to	kuvyimba
n. med	swelling	ubutumbi
verb	swim, to	kwoga
verb	swindle, to	kuzimba
verb	swing, to	kwenena
verb	swollen to be	gutumbagana
verb	swollen with air (to inflate)	guhaga
n.	sword	inkota
verb	sympathize, to	kubabarira
n.	sympathy	igikundiro
n., med	syphilis	isofisi
n.	table	ameza
n.	taboo	ikizira
verb	taboo, to be	kuzira
n.	tadpole	umushundwe (pl. imishundwe)
n.	tail	umurizo
verb	take a case to court, to	kuburanya
verb	take a drink to prove a beverage is not poisoned, to	kurogoza
verb	take a mouthful, to	gutamira
verb	take a sober attitude, to	gufurungana
verb	take away, to	kuvana
verb	take out, to; to go out; to exit	gusohoka
verb	take part in, to	kugarukana
verb	take shelter behind, to	kwikingiriza

parts of speech	english	Kirundi
verb	take the place of, to	kwakira
phrase	take to someone, to	gushira
verb	take, to	gufata
verb	talk during one's sleep, to	kurazirana
verb	talk, to	kubarira
verb	talk, to; speak, to	kuvuga
adj.	tall	-re-re
verb	tame, to	kumenyereza
verb	tangled, to be	gusobana
verb	tap, to (at the door)	kudoda
n. med	tapeworm	igikangaga
verb	tardy, to be	guteba
verb	tarnish, to	gucobogoza
n.	task	igikorwa
verb	taste, to	kwumviriza
n.	tax	ikori
n	tea	icayi
verb	teach, to	kwigisha
n.	teacher	umwarimu (pl. abarimu)
n.	teacher	umwigisha (pl. abigisha)
n.	teaching, (lesson)	inyigisho
verb	tear down, to	gusambura
verb	tear, to	gucika
n.	tears	amosozi
verb	tease, to	gufyina
verb	tell small lies, to	kubeshabesha
verb	tell, to	kubara
n.	temper, bad	umujinya (pl. imijinya)
n.	temple	umusaya
adj.	temporary	urusago
verb	tempt, to	kwosha
n. & adj.	ten	cumi
verb	terrified, to be	gucika ivutu
n.	terror	ivutu
verb	test, to	kugeza
n., med	testicles	amavya
phrase	Thank you.	Urakoze.
verb	thank, to	gutazira
adj.	that	ko, yuko
phrase	that side, on	hiyo

parts of speech	english	Kirundi
phrase	That's right.	N'uko.
n.	theft	ubgambuzi
adj.	their (their children)	-abo (abana babo) {singular = wabo}
pronoun	them	-abo
adv.	then	kandi
adv.	then	hanyuma
adv.	then	buno, rero
adv.	there	aho, ngaho
phrase	There is...	Hari...
n.	thief	umusuma
adj.	thieving	ubgambuzi
n.	thigh	ikibero (pl. ibibero)
verb	thin, to become	kwonda
n.	thing	ikintu
verb	think about, to	kuziga
verb	think, to	kwiyumvira
n.	thirst	inyota
phrase	thirst, excessive	isharara
verb	thirsty, to be	kugira inyota
n.	thirteen	icumi na batatu
adj. & n.	thirty	mirongwitatu
adj.	this	uyu
phrase	This is difficult.	Biragoye.
pronoun	this, that	uyu
n.	thorn	ihwa (pl. amahwa)
n.	thought	iciyumviro
adj. & n.	thousand	igihumbi
n.	thread	urunyuzi
n.	three	-tatu
n.	throat	umuhogo
verb	throw away, to	kukugunya
verb	throw, to	guta
n.	thumb	urukumu
n.	thunder	inkuba
verb	thunder, to	guturagara
n.	Thursday	kuwa kane
adv.	thus	tyo
n., med	tibia	umugenza (pl. imigenza)
n.	tick	inyondwi

87

parts of speech	english	Kirundi
n.	ticket	igipande
verb	tickle, to	kudigadiga
verb	tie up, to	guhambira
verb	tie with a cord, to	kuzirika
verb	tie, to	kuboha
verb	tighten, to	guhata
n.	tile (floor)	isasa
n.	tile (roof)	itegura
verb	tilt, to	guhengeka
n.	time	umwanya
phrase	time, at another	ubundi
verb	timid, to be	gutinya
verb	tired, to be	kuruha
verb	tired, to be	kunanirwa
n.	tithe	ikigira cumi
prep.	to	ku, i
prep.	to, at	ku, kuri, i
n.	toad	igikere
n.	tobacco	itabi
adv.	today	uyu musi
n.	toe	ino (pl. amano)
n.	toenail	urwara
adv.	together	hamwe
n.	toilet	umusalani (pl. imisalani)
n.	tomato	urunyanya (pl. inyanya)
adv.	tomorrow	ejo
phrase	tomorrow, day after	hirya y'ejo
n.	tongue	ururimi
n. med	tonsils	amagage
n.	tool (metal)	icuma
n.	tooth	iryinyo (pl. amenyo)
n.	top (on the top)	hejuru
n.	torch	urumuri
verb	touch, to	gukorako
n.	trade	umwuga (pl. imyuga)
verb	trade, to	gucuruza
n.	trader	umucuruzi
n.	trait	ingeso
verb	trample on, to	guhonyora
verb	translate, to	guhindura
verb	transmit, to	kwandukiza

parts of speech	english	Kirundi
n.	trap, snare	umutego (pl. imitego)
verb	trap, to	gutega
verb	travel, to	kwambuka
n.	traveller	ingenzi
verb	treat (medical), to	kuvura
n.	tree	igiti (pl. ibiti)
phrase	tree, base of	igitsina (pl. ibitsina)
verb	tremble from fever, to	gutetemera
verb	tremble with fear	kudegedwa
n.	tribe	ubgoko
verb	trickle, to	gutonyanga
n.	trip, journey	urugendo (pl. ingendo)
verb	triumph, to	kunesha
n.	troop, company	umuco
n.	trouble, problem	icago
verb	trouble, to	kugora
verb	troubled, to be	kuganya
adv.	truly	bgite
n.	trumpet	akazamba (pl. utuzamba)
n.	trunk (of body)	umutumba
n.	trunk of a tree	igitsina (pl. ibitsina)
phrase	trunk of banana tree	igitumbatumba
verb	trust, to	kwizera
n.	truth	ukuri 2. impamo
verb	try, to	kugeza
n.	tuberculosis	igituntu
n.	Tuesday	kuwa kabiri
n.	tuft of hair	isunzu (pl. amasunzu)
n., med	tumor	ikivyimba (pl. ibivyimba)
verb	turn around, to	guhindukira
verb	turn upside down, to	kwubika
n.	Tutsi (social class)	Umututsi (pl. Abatutsi)
n.	twelve	icumi na babiri
n. & adj.	twenty	mirongwibiri
adv.	twice	kabiri
n.	twilight	ubgira
adj. & n.	twin	ihasa
verb	twist one's foot, to	guhinyagara
verb	twist, to	gukanya

89

parts of speech	english	Kirundi
n. & adj.	two	-biri
n., med	ulcer (wound)	igisebe
n., med	umbilical cord	uruzogi
n.	umbilicus; navel	umukondo
n.	umbrella	umutara
n.	Umurundi (person who lives in Burundi)	Umurundi
verb	unblock,to	kuzibura
n.	uncle, my maternal	marume
n.	uncle, my paternal	data wacu
verb	unclean, to be	guhumana
adv.	underneath	musi
verb	understand, to	1. gutegera 2. kwumva
verb	undo, to	gusambura
n.	unity	ubumwe
conj.	unless	shitsi
verb	unlucky, to be	guhumirwa
adj.	unripe	-bisi
verb	untie (animal), to	kubohora
verb	untie, to	gupfundurura
verb	untied, to be	kubohoka
prep.	until	kugeza aho
verb	urinate, to	gusoba
n., med	urine	inkari
pronoun	us	twebge, tweho
n.	use	akamaro
verb	use, to	gukoresha
n.	vacation	uruhusha
adj.	vain, in	ubusa
n.	valley	umwonga
n.	value	akamaro
n.	vegetable	imboga
n.	veil	igitwikirizo
n.	verb	irivuga
verb	verify, to	gukontorola
n.	verse	umurongo
n.	vertebral column	agatirigongo
n.	vertigo	impungenge
verb	vertigo, to have	gushiruka impungenge
adv.	very	cane

parts of speech	english	Kirundi
phrase	very fast	vuba vuba
n.	village	umuhana
n.	vine	umuzabibu (pl. imizabibu)
n.	vineyard	uruzabibu
verb	violent, to become	guhambara
verb	visible, to be	kuboneka
verb	visit, to	kudengera
n.	visitor (guest)	umushitsi
n.	voice	ijwi
n.	voice, loud	ijwi rerenga
n.	volcano	ikirunga (pl. ibirunga)
verb	vomit mother's milk, to (baby)	kuboga
verb	vomit, to	kuruka
verb	vow, to, to swear (oath)	kurahira
verb	waddle, to	kunyoganyoga
n.	wages	impembo
n.	waist	urukenyerero
verb	wait for, to	kurindira
interj.	Wait!	Hinge!
verb	wait, to	gutegereza
verb	wake up, to	gukangura
verb	walk on one's tiptoes, to	kuyomboka
verb	walk slowly, to	kugoyagoya
verb	walk, to	kugenda
verb	walk, to go for a	gutembera
n.	walking stick	inkoni
n.	wall	uruhome
n.	wall (exterior)	ikibambazi
verb	wander about, to	kuzerera
verb	want, to	1. gushaka 2. kugomba
n.	war	intambara
phrase	warm, to be	gususuruka
verb	warn, to	kuburira
verb	wash, (feet)	kwoga
verb	wash, to	kumesura
verb	wash, to (body-self)	kwiyuhagira
verb	wash, to (clothes)	kumesa
verb	wash, to (hands)	gukaraba
verb	waste away, to (from illness)	kwiraburanirwa
verb	waste, to	kwayaya
verb	watch for, to	gusura

parts of speech	english	Kirundi
verb	watch, to	kuba maso
n.	watchman	umunyezamo
n.	water	amazi
n.	water pot	umubindi
n.	waterfall	isumo (pl. amasumo)
n.	wax	ishashara
n.	way (road)	inzira
pronoun	we, us	twebge, tweho
verb	weak, to be	kugira intege
verb	weaken, to	gutitura
n.	weakness	ubumuga
n.	wealth	ubutunzi
verb	weaned, to be	gucuka
n.	weapon	intwaro
verb	wear, to	kwambara
n.	weasel	akarinda
n.	wedding	ubukwe
n.	Wednesday	kuwa gatatu
verb	weed, to	kubagara
n.	week	iyinga
verb	weep, to	kurira
verb	weigh the pros and cons, to	kwirimbura
verb	weigh, to	gupima
verb	weighed down, to be	kuremvya
n.	weight	uburiba
verb	weight, to lose	kunamba
verb	welcome, to	gusanganira, guha ikaze
phrase	Welcome.	Kaza!
n.	well (ie. for water)	iriba
adj., adv.	well, very	neza
n. & adj.	west	iburengerazuba
adj.	what	iki
phrase	What is your name?	Witwa nde?
n.	wheat	ingano
conj.	when	aho, iyo, ni
conj.	When?	Ryari?
conj.	where	he, hehe, aho
adv.	where	he, hehe
adj.	which	-he

parts of speech	english	Kirundi
n.	whip	ikimoko (pl. ibimoko)
verb	whip, to	gukubita
verb	whisper, to	kwitonganya
n.	whistle	umwironge
verb	whistle, to	gufyifoza
n.	white person	umuzungu (pl. abazungu)
verb	whiten, to	kwera
phrase	whiteness, dazzling	igitare
pronoun	who	nde
adj.	whole (good healthy)	-ose, zima
n. med	whooping cough (pertussis)	akanira
adv.	why?	kuki?
n.	wicked person	umuhambazi
verb	wicked, to be	guhambara
n.	wickerwork	akebo (pl. utwebo)
n.	widow	umupfakazi
n.	width	ubugari
n.	wife	umugore (pl. abagore)
phrase	wild animal	igikoko (pl. ibikoko)
n.	wilderness	karere
verb	willing, to be	kwemera
verb	wilt, to	kuraba
verb	win, to	gutsinda
n.	wind	umuyaga
verb	wind, to	kuzingira
n.	window	idirisha (pl. amadirisha)
n.	windstorm	inkuruma
n.	wing	ibaba (pl. amababa)
verb	wink, to	kuvunira akagohe
verb	wipe (child's) nose, to	kumyira
verb	wipe one's nose, to	kwimyira
verb	wipe, to	guhanagura
n.	wire	urubari
n.	wisdom	ubgenge
verb	wise, to be	gukerebuka
verb	wish for, to	kwipfuza
n.	witch	umurozi (pl. abarozi)
n.	witch doctor	umupfumu
phrase	witchcraft	uburozi
prep.	with	na
verb	withhold, to	kwima

parts of speech	english	Kirundi
n.	witness	icabona
verb	witness, to	kwagiriza
n.	woman (married)	umugore (pl. abagore)
n.	woman (old)	umukecuru (pl. abakecuru)
n.	wood (for fire)	urukwi (pl. inkwi)
n.	word	ijambo (pl. amagambo)
n.	work	akazi
verb	work together, to	gukorana
verb	work with zeal, to	gushira igikonyo
verb	work without respite, to	kujuragiza
verb	work, to	gukora
n.	worker	umukozi (pl. abakozi)
n.	workman	umunyakazi, umukozi (pl. abakozi)
n.	world	isi
n., med	worm	inzoka
verb	worry about, to	kwitwaririka
verb	worry, to	gutamya
verb	worship, to	gusenga
n.	wound, injury	igikomere (pl. ibikomere)
verb	wounded, to be	gukomereka
verb	wrap, to	gupfuka
verb	wring out to	guhotora
n.	wrinkle	umukanya
verb	wrinkle, to	gupfunya
verb	wrinkled, to be (as with aging)	gukamba
n.	wrist	igikonjo (pl. ibikonjo)
verb	write, to	kwandika
verb	write, to	kwandika
n.	wrong	umuziro
verb	yawn, to	kwayura
n. med	yaws	ibinyoro
n.	year	umwaka (pl. imyaka)
n.	yeast	umwambiro
verb	yell, to (pain, sorrow); to howl	gutakana
adj. & n.	yellow	umuhondo
adv.	yes	ego ("ego me" is emphatic)
adv.	yesterday	ejo
pronoun	you (plural)	mwebge, mweho
pronoun	you (singular)	wewe, weho
phrase	You know.	Urazi.

parts of speech	english	Kirundi
n.	young age of a girl	ubukumi
n.	young lady (unmarried)	inkumi
n.	young man, (unmarried)	umusore (pl. abasore)
adj.	young, thin	-to, toya
adj.	your (plural) (your children)	-anyu (abana banyu)
adj.	your (singular) (your child)	-awe (umwana wawe)
n.	youth	ubusore
n.	zeal	umwete
phrase	zeal, to have	kugira umwete
n.	zebra	imparage
n.	zero	zero

parts of speech	Kirundi	english
pronoun	**-abo**	them
adj.	**-abo (abana babo) {singular = wabo}**	their (their children)
adj.	**-acu (abana bacu) {singular = wacu}**	our (our children)
adj.	**-ambere**	first
pronoun	**-anje**	me
adj.	**-anje (abana banje) {singular = wanje)**	my (my children)
adj.	**-anyu (abana banyu)**	your (plural) (your children)
adj.	**-awe (umwana wawe)**	your (singular) (your child)
adv.	**-bere**	ahead
adj.	**-bi**	bad
adj.	**-bi**	dirty
n. & adj.	**-biri**	two
adj.	**-bisi**	1. fresh 2. cool 3. cold
adj.	**-bisi**	raw
adj.	**-bisi**	unripe
verb	**-fise**	have, to
adj.	**-gari**	broad, wide, spacious
adj.	**-gufi**	low
adj.	**-gufi**	short
adj.	**-he**	which
adj.	**-inshi**	many
adj.	**-iwe**	his
adj.	**-iza**	1. beautiful 2. pretty
adj.	**-iza**	clean
adj.	**-iza**	good
adj.	**-iza**	nice
n.	**-kazi (ie. umuforomakazi)**	female (female nurse)
adj.	**-ke**	few
adj.	**-kuru**	1. ancient 2. great 3. important
adj. & n.	**-kuru**	senior, great, elder
adj & pr	**-mpi**	both
adj. & n.	**-mwe**	one
adj.	**-mwe (bamwe)**	some (some men)
adj.	**-ndi**	another
adv.	**-ndi**	more

parts of speech	Kirundi	english
adj. & n.	-ne	four
phrase	-ngahe	how many
adj.	-nini	1. large 2. big
adj.	-novu	dense
adj.	-nshi	a lot
adj.	-nzinya	minute (tiny)
adj.	-ose	1. all 2. everything
adj.	-ose	1. every 2. each
adj.	-ose, zima	whole (good healthy)
adj.	-re	1. high 2. deep
adj.	-re	long
adj.	-re-re	tall
verb	-ri, ni	is
adj.,pro.	-rtya	like this
phrase	-rtyo	like that
adv.	-sa	only
adj.	-sha	new
adj.	-shasha	new
adj. & n.	-tandatu	six
adj. & n.	-tanu, eshanu	five
n.	-tatu	three
adv.	-te	how
n. & adv	-to	little
adj.	-to, toya	young, thin
adj.	-toto	green (unripe)
adj.	-toto (urwatsi rutoto)	green (green plant) {color}
adj.	-toya	small
adj. & n.	-tugutu	purple
adv., conj.	-tyo (gutyo)	so
adj.	-vivi (uruvivi)	gray (gray hair)
adj.	-zima	alive
adj.	-zima	healthy
n.	abantu	people
n.	abavukana	brothers
n.	agacerere	silence
n.	agacuma (uducuma)	gourd

parts of speech	Kirundi	english
n.	agacupa (pl. uducupa)	small bottle
n	agahanamo (pl. uduhanamo)	slope
n.	agahimbare (pl. uduhimbare)	beauty
n.	agahinda	sorrow
n.	agahiri	cold in head
n.	agahori (pl. uduhori)	grasshopper
n.	agahungarema	bat
n.	agahuzu (pl. uduhuzu)	loincloth (small)
n.	agakiza	salvation
n.	agakoko (pl. udukoko)	insect
n.	agasama	chicken pox
n.	agasendabageni (pl. udusendabageni)	cheekbone
n.	agashambara (pl.)	rag
n.	agashari	envy
n.	agashitsi	chills (tremor)
n.	agasimba (pl. udusimba)	bug
n.	agasuzuguro	scorn
n.	agataka	earth (ground)
n.	agatasi	rainy season (September-October)
n.	agatirigongo	vertebral column
adv.	ahandi	1. elsewhere 2. somewhere else
adv.	ahandiho	otherwise
n.	ahantu	place
adv.	aho rero	at last
conj.	aho, iyo, ni	when
adv.	aho, ngaho	there
adv.	ahuraho	besides
n.	akababa	good-bye
n.	akabati (pl. utubati)	1. closet 2. cupboard
n.	akabonge	sadness
n.	akaborogo	moaning
n.	akadenderezo	persecution
n.	akaga	danger
n.	akagajo	brown (light)
n.	akagayo	1. disdain 2. contempt
n.	akagoroba	afternoon
n.	akaguriro (pl. utuguriro)	bargain
n.	akamaro	end (goal)
n.	akamaro	1. use 2. value
n., med	akameme	epigastric
n.	akamere	nature

parts of speech	Kirundi	english
n. med	akanira	whooping cough (pertussis)
n.	akanwa	1. mouth 2 oral cavity
n.	akaranga	appearance
n.	akarinda	weasel
n.	akavunamusase	breakfast
n.	akavunguka (pl. utuvunguka)	crumb
n.	akawa	coffee
phrase	akayabagu	enjoy your meal
n.	akayabo; injangwe	cat
n.	akazamba (pl. utuzamba)	trumpet
n.	akazi	1. job 2. work
n.	akebo (pl. utwebo)	wickerwork
n.	akenese	jealousy among spouses (of polygamous family)
n.	akenge	cunning
n.	amaberebere	breast milk
n.	amaborogo	mourning
n., med	amacinya	dysentery
n.	amafaranga	money
n., med	amafuni	elephantiasis of legs
n. med	amagage	1. palate 2. tonsils
n.	amaganya	anxiety
n.	amagara	health
n.	amahane	1. argument 2. quarrels
n	amahere	itch
n.	amahoro	peace
n.	amajepfo	depth
n.	amakenga	apprehension 2. mistrust
n.	amakuru	news
n.	amangati	belch
n.	amanyama	1. ambition 2. arrogance 3. disobedience 4. pride
n.	amanyota	ashes
n., med	amara	intestines
n.	amaraso	blood
n.	amarushwa	disturbance
n.	amarwi	swarm
n.	amaryama	bedtime
n.	amasaka (sing. ishaka)	sorghum
n.	amasambambwika	mumps
n.	amase	cow manure

parts of speech	Kirundi	english
n., med	amashira	pus
n., med	amaso	eyes
n.	amaso	face
n.	amata	milk
n.	amate	saliva
n.	amatsiko	interest
n.	amavuta	1. butter 2. oil
n., med	amavya	testicles
n.	amayirabiri	crossroads
n.	amazi	water
adj.	amazinda	forgetful
n.	ameza	table
n.	amosozi	tears
phrase	ariho	on the contrary
conj.	ariko, mugabo	but
adv.	bambe, ariho	rather (but rather)
n.	bavyara bacu	cousin, maternal
phrase	Bgakeye.	Good morning.
adv.	bgite	truly
phrase	Biragoye.	This is difficult.
adv.	birahaye (Birahagije?)	enough, it is (Is that enough?)
adv.	bitayeko, nubwo	moreover
adv.	buhoro	slightly
adv.	buhoro	slowly
adv.	buhoro-buhoro	1. carefully 2. gently 3. little by little
adv.	buno, rero	then
n.	Buraya	Europe
adv.	cane	1. exceedingly 2. very
adv.	cane cane	especially
adj & pr	cane, -inshi	much
prep.	canke	or
adj.	cenda	nine
n. & adj.	cumi	ten
n.	data	father (my)
n.	data (my father)	papa
n.	data wacu	uncle, my paternal
n.	databuja	master, my
adv.	ego ("ego me" is emphatic)	yes
adv.	ejo	tomorrow
adv.	ejo	yesterday

parts of speech	Kirundi	english
adv.	epfo	down
n.	gasuku	parrot
phrase	gatandatu	six times
n.	gatanu	five times
n.	Gitugutu, ukwezi kwa cumi	October
verb	gobotora	free, to or to clear
verb	gubata	flat, to be
verb	guca	sever, to
phrase	guca	pass through, to
verb	guca inoni	snap the fingers, to (in anger)
verb	guca umugani	fable, to tell a
verb	guca urubanza	judge, to
verb	guca ururasago	incise to diminish pain, to (a traditional medicine technique)
verb	gucagagura	chop up in many pieces, to
verb	gucaguka	much, to be too
verb	gucakira	catch, to
verb	gucakira	1. to grab 2. to seize
verb	gucana, kudomeka	light (kindle), to
verb	guceka; kuzungagiza	shake, to
verb	gucibga	cut, to be
verb	gucika	escape, to
verb	gucika	tear, to
verb	gucika ivutu	1. to be frightened 2. to be terrified
verb	gucikana	breathe one's last, to (expire)
verb	gucira	expectorate, to
verb	gucira amate	spit, to
phrase	gucira inyeri	show contempt by spitting
verb	gucobogoza	exaggerate, to
verb	gucobogoza	tarnish, to
verb	gucokera	1. to plunge 2. to immerse
verb	gucokora	slander, to
verb	gucuka	weaned, to be
verb	gucumba	knead (as in bread), to
verb	gucumbika	accommodate, to
verb	gucumbika	camp, to
verb	gucumukura, kubabara	pain, to have; to suffer
verb	gucumura	1. to commit a crime 2. to sin
verb	gucuna	carefree, to be
verb	gucungura	1. to redeem 2. to save
verb	gucura	bring back wife who had left

parts of speech	Kirundi	english
phrase	**gucura umwiza**	dark, to be
verb	**gucuruza**	trade, to
verb	**gucuza**	remember maliciously the memory of a dead person, to
verb	**gufasha**	1. to aid 2. to help
verb	**gufasha, gutabara**	assist, to
verb	**gufata**	1. to catch 2. to hold 3. to take
verb	**gufatana**	1. to coagulate 2. to stick together
verb	**gufatanya**	help each other, to
verb	**gufatanya**	join, to (things, group)
verb	**gufobeka**	explain poorly, to
verb	**gufobora**	explain in detail, to
verb	**gufudika**	1. to speak carelessly 2. to stumble over words
verb	**gufuhagira**	snore, to
verb	**gufunga**	close, to
verb	**gufungura**	1. to eat 2. to have something to eat
verb	**gufungura, kurya**	meal, to have (to eat)
verb	**gufurungana**	take a sober attitude, to
verb	**gufyatura**	bricks, to make
verb	**gufyifoza**	whistle, to
verb	**gufyikinyura**	scrub, to
verb	**gufyina**	enjoy oneself, to
verb	**gufyina**	1. to joke 2. to tease
phrase	**gufyonyoka**	cooked, to be well (to be done)
verb	**gufyonyoka**	1. to mash 2. to smash up
verb	**guha**	give, to
verb	**guhababuka**	start, to give a
verb	**guhadikiriza**	coerce, to
phrase	**guhaga**	satisfied, to be (ate enough)
verb	**guhaga**	swollen with air (to inflate)
verb	**guhagarara**	stand up straight, to
verb	**guhagarika**	arrest, to
verb	**guhagatira**	surround, to
verb	**guhahaza**	1. to oppress 2. to rule
verb	**guhakana**	deny, to
verb	**guhama**	persecute, to
verb	**guhamagara**	call, to
verb	**guhamangira**	stuck, to be
verb	**guhamba**	bury, to
verb	**guhambara**	to be harsh 2. to become violent 3. to be wicked

102

parts of speech	Kirundi	english
verb	**guhambira**	tie up, to
verb	**guhamiriza**	dance, to
verb	**guhamvya**	board, to; to come along side
verb	**guhamya**	1. to assert a point 2. to attest
verb	**guhana**	1. to punish 2. to scold
verb	**guhanagura**	wipe, to
verb	**guhanga**	contemplate, to
verb	**guhangana**	face (someone), to
verb	**guhangara**	confront, to
verb	**guhanuka**	come from, to
verb	**guhanura**	1. to admonish 2. to advise
verb	**guhara**	incomplete, to be
verb	**guharira**	1. to argue 2. to discuss 3. to forgive 4. to pardon
verb	**guharira, guhazana**	quarrel, to
verb	**guharura**	1. to count 2. to scrape
verb	**guharuruka**	displeased with, to be
verb	**guhata**	1. to force 2. to tighten
verb	**guhaya**	exalt, to
verb	**guhaza**	1. to omit 2. to satisfy
verb	**guheba**	1. to leave 2. to sacrifice
verb	**guheba; kubaruruka**	abandon, to
verb	**guhebuza**	discourage, to
verb	**guheha**	clean the filth, to (wipe baby's bottom)
verb	**guheka**	carry on one's back, to
verb	**guhekenya**	1. to chew 2. to nibble
verb	**guhema**	ironic, to be
verb	**guhemba**	pay, to
verb	**guhembuka**	revive, to
verb	**guhemukira**	deceive, to
verb	**guhemura**	harm someone, to
verb	**guhenda**	deceive, to
verb	**guhenebera**	perish, to
verb	**guhenga**	set a time, to
verb	**guhengama**	lean, to
verb	**guhengeka**	tilt, to
verb	**guhenuka**	collapse, to
verb	**guhera**	1. to be at the end 2. to finish
verb	**guhera (Yaheze.)**	perish, to (He is dying.)
verb	**guheraheza**	accomplish, to
verb	**guherana**	refuse to pay debt, to

parts of speech	Kirundi	english
verb	guherekeza	accompany, to (part of the way)
verb	guheruka	come in last place, to
verb	guheruka	last, to have or make come
verb	guheta	bend, to
verb	guheza	1. to achieve 2. to finish 3. to conclude 4. to end 5. to exhaust 6.
verb	guhezagira	bless, to
verb	guhiga	hunt, to
verb	guhigimanga	complain, to
verb	guhimbara	1. to be agreeable 2. to be beautiful
verb	guhimbaza	celebrate, to
verb	guhimbura	split, to
verb	guhinda agashitsi	have chills, to
verb	guhinduka	change, to
verb	guhindukira	turn around, to
verb	guhindura	1. to modify 2. to translate
verb	guhingura	make, to
verb	guhinyagara	twist one's foot, to
verb	guhinyika	allude to, to
verb	guhinyura	discover the truth, to
verb	guhinyuza	1. to convince 2. to give the proof
verb	guhirwa	1. to be fortunate 2. to be lucky
verb	guhisha	1. to conceal 2. to hide
verb	guhishura	1. to disclose 2. to reveal
verb	guhita	pass, to
verb	guhitwa	diarrhea, to have
verb	guhobera	embrace, to
verb	guhoma	plaster, to
verb	guhomba	fragile, to be
phrase	guhondagura	hit many times, to
verb	guhongera	offer reparations, to
verb	guhonyora	1. to crush with the feet 2. to trample on
verb	guhora	1. to avenge 2. to cool 3. to be silent
verb	guhotora	wring out to
verb	guhoyahoya	coax, to
verb	guhoza	1. to calm down 2. to console
verb	guhubura	correct, to
verb	guhuha	blow, to
verb	guhuhuka	expire, to (die)
verb	guhuma	blind, to become
verb	guhumaguza	blink, to

parts of speech	Kirundi	english
verb	guhumana	pick a fight, to
verb	guhumana	unclean, to be
verb	guhumanya	defile, to
verb	guhumba	deceive, to
verb	guhumeka	breathe
verb	guhumiriza	close the eyes, to
verb	guhumirwa	unlucky, to be
verb	guhumura	open the eyes. to
verb	guhumuriza	comfort, to
verb	guhundagara	struck by lightning, to be
verb	guhundukwa	forget, to
verb	guhunga	flee, to
verb	guhungura	shell the corn, to
verb	guhunyereza	squint, to
verb	guhura	meet, to
verb	guhurira	itch, to
verb	guhwata	peel, to
phrase	guhwera	1. to breathe one's last 2. to die
verb	gukaba, kugurana	swap, to
verb	gukaka	creak, to
verb	gukama	milk, to
verb	gukamba	wrinkled, to be (as with aging)
verb	gukamya	1. to absorb the liquid 2. to dry up
verb	gukanaguza	stare wide-eyed, to
verb	gukandagira	stamp one's feet
verb	gukanga	frighten, to
verb	gukangura	wake up, to
verb	gukankamira	1. to rebuke 2. to reprimand
verb	gukanura	open the eyes
verb	gukanya	damp, to be
verb	gukanya	1. to squeeze 2. to twist
verb	gukara	cruel, to be
verb	gukaraba	wash, to (hands)
verb	gukarabisha	offer to wash a guest's hands (before a meal)
verb	gukaranga	1. to fry 2. to roast
verb	gukarisha	sharpen, to
verb	gukashuka	dislocate one's joint, to
verb	gukata	cut, to
verb	gukeba	1. to carve 2. to cut (meat) 3. to prune
verb	gukebukana	have an interview, to

parts of speech	Kirundi	english
verb	gukeka	suspect, to
verb	gukekeranya	1. to doubt 2. to hesitate
verb	gukemba	cut into pieces, to
verb	gukena	1. to need 2. to be poor
verb	gukengurukirwa	appreciate, to
verb	gukenyeza	surround, to
verb	gukera	irritating to the throat, to be
verb	gukerebuka	1. to be intelligent 2. to be wise
verb	gukerera	saw, to
verb	gukesha	diminish, to
verb	gukikira	1. to go around 2. to skirt around
verb	gukikira	pass by, to
verb	gukina	play, to
verb	gukinagiza	chase away, to
verb	gukinga	lock, to
verb	gukinga	1. to shut 2. to close
verb	gukingira	go quickly, to
verb	gukingiriza	shield, to
verb	gukingura	open, to
verb	gukira	recover from grave illness, to
verb	gukiranira	persuade, to
verb	gukiranya	grant, to
verb	gukiriza	lift, to
verb	gukiza	1. to heal 2. to cure
verb	gukiza	1. to rescue 2. to save
verb	gukobeza	strive for, to
verb	gukoma amashi	1. to applaud 2. to clap
verb	gukomanga	knock, to
verb	gukomba inkono	clean a plate with one's fingers then lick the fingers, to
verb	gukomera	1. to be difficult 2. to be strong
verb	gukomereka	1. to be injured 2. to be wounded
verb	gukomeza	carry on, to
verb	gukomeza	confirm, to
verb	gukomoka	born of, to be
verb	gukomvomvora	consume, to
verb	gukona	castrate, to
verb	gukonja	cold, to be
verb	gukontorola	verify, to
verb	gukonya	1. to bend 2. to fold
verb	gukora	work, to

106

parts of speech	Kirundi	english
verb	gukorako	touch, to
verb	gukorana	work together, to
verb	gukorana mu minwe na	shake hands, to
verb	gukoranya	assemble, to
verb	gukoresha	use, to
verb	gukorogoshora	hollow out, to
verb	gukoroka	fall from a height, to
verb	gukorora	cough, to
verb	gukuba	scratch, to
verb	gukubirana	retrace the path
verb	gukubita	1. to beat 2. to hit 3. to strike 4. to whip
verb	gukubura	clean with a brush, to
verb	gukubura	sweep, to
verb	gukuga	bark, to
verb	gukukira	depend on, to
verb	gukumbura	lonesome for, to be
verb	gukunda	agreement, to be in
verb	gukunda	1. to like 2. to love
verb	gukundira, kureka	allow, to
verb	gukunguta	shake, to (as rug)
verb	gukura	1. to abduct 2. to grow 3. to remove
verb	gukurikira	follow, to
verb	gukurugutura	clean out the ears, to
verb	gukurungira	polish, to
verb	gukuyakuya	1. to caress 2. to rub
verb	gukuyengeza	smooth, to
verb	gukuza	enlarge, to
verb	gukwa	dowry, to pay (give a cow as dowry)
verb	gukwa	pay dowry, to
verb	gukwega	1. to attract 2. to drag
verb	gukwega	1. to draw 2. to pull 3. to shoot (gun)
verb	gukwira	1. to be enough 2. to be necessary 3. ought (to have to) 4. to suffice
verb	gupakira	load, to
verb	gupakira	pack, to
verb	gupanga ameza	set the table, to
verb	gupangusha	dust, to
verb	gupfa	die, to
verb	gupfakara	become widowed or a widower
verb	gupfana	blame, to
verb	gupfinda	pose a riddle, to

107

parts of speech	Kirundi	english
verb	gupfindura	1. to guess 2. to solve a riddle
verb	gupfuha	dull, to be (tool)
verb	gupfuka	cover, to
verb	gupfuka	wrap, to
verb	gupfukama	1. to kneel down 2. to kneel
verb	gupfuma	preference, to have a
verb	gupfundika	knot, to make a
verb	gupfundurura	untie, to
verb	gupfunganya	narrow, to be
verb	gupfunya	wrinkle, to
verb	gupfunya ijambo	concise, to be
verb	gupima	1. to examine 2. to measure 3. to weigh
verb	gusa	1. to be like 2. to resemble
adv.	gusa	1. merely 2. only
verb	gusaba	1. to ask for 2. to beg for 3. to scatter
verb	gusabiriza	beg for repeatedly, to
verb	gusaga	more than, to be
phrase	gusaguka	over and above, to be
verb	gusahiriza	1. to expedite 2. to give someone a hand
phrase	gusakara	roof, to put on a
verb	gusama	catch something thrown, to
verb	gusama inda	1. to conceive 2. to be pregnant
verb	gusamagira	memorize, to
verb	gusamara	1. to not pay attention 2. to be inattentive
verb	gusamaza	1. to distract 2. to expect 3. to long for
verb	gusamba	1. to be in agony 2. to have spasms
verb	gusambana	adultery, to commit
verb	gusambura	1. to demolish 2. to destroy 3. to tear down 4. to undo
verb	gusana	repair, to
verb	gusanga	go back to, to
verb	gusanganira	1. to go to meet 2. to greet
verb	gusanganira, guha ikaze	welcome, to
verb	gusangira	compete, to
verb	gusanura	repair a house, to
verb	gusanzaza	disperse, to
verb	gusara	1. to be crazy 2. to lose reason
verb	gusasa	bed, to make a (with grass)
verb	gusasa akarimi	flatter, to
verb	gusatura	cut lengthwise, to
verb	gusaza	old, to become

108

parts of speech	Kirundi	english
verb	gusebwa	ground, to be
verb	gusefura	hiccups, to have
verb	gusegenyeza	roll along, to
verb	gusekana	collide, to
verb	gusekura	grind, to
verb	gusenga	1. to adore 2. to worship
verb	gusenga, gusaba	pray, to
verb	gusenya	gather firewood, to
verb	guseruka	deteriorate, to
verb	gusesa	spill, to
verb	gusesekara	overflow, to
phrase	gusesema	nausea, to provoke
verb	gusetsa	entertain, to
verb	gusezera	bid farewell, to
verb	gusezerana	promise, to
verb	gusha	burn, to
verb	gushaka	1. to desire 2. to want
verb	gusharika	jealous, to be
verb	gushariza	adorn, to
verb	gushaza	decorate, to
verb	gushibuka	depart, to
verb	gushika	arrive, to
verb	gushikira	attain, to
verb	gushikiza inshi	slap, to
verb	gushikura	bite, to
verb	gushima	praise, to
verb	gushimika	persevere, to
verb	gushinga	drive stake, to
verb	gushinga ingingo	decide, to
verb	gushingura	pull out, to
verb	gushinyaguriza	abuse, to (verbal)
verb	gushinyira	mock, to
verb	gushinyiriza	grit one's teeth, to (endure)
verb	gushira	1. to put 2. to take to someone
phrase	gushira amazinda	have a good memory, to
verb	gushira igikonyo	work with zeal, to
verb	gushiruka impungenge	vertigo, to have
verb	gushirukanya	bold, to be
verb	gushisha	chubby, to be
verb	gushishikara	persevere, to
verb	gushishikaza	encourage to make an effort

109

parts of speech	Kirundi	english
verb	gushoboka	possible, to be
verb	gushoboka {Birashoboka.}	feasible, to be {It is possible.}
verb	gushobora	1. to be able 2. can
verb	gushohora	arrive, to; penetrate, to
verb	gushonga	1. to dissolve 2. to melt (sugar)
phrase	gushora amariba	lead animals to water, to
verb	gushorera	lead, to
verb	gushuha	hot, to be
verb	gushumbusa	compensate, to
verb	gushurika	bud, to
verb	gushusha	heat, to
verb	gushushanya	draw, to
verb	gushushirwa	have goose bumps, to
verb	gusiba	1. to be absent 2. to abstain 3. to miss
verb	gusibisha	postpone, to
verb	gusibura	erase, to
verb	gusiduka	slide, to
verb	gusiga	anoint, to
verb	gusigara	left behind, to be
verb	gusigarira	replace, to
verb	gusigura	1. to explain 2. to preach
verb	gusimba	jump, to
verb	gusinda	fight, to
verb	gusinzira	sleep, to
verb	gusitura	cut down, to (tree)
verb	gusivya	postpone, to
verb	gusoba	urinate, to
verb	gusobana	tangled, to be
verb	gusobanura	1. to disentangle 2. to explain 3. to ask to interpret,
verb	gusohoka	take out, to; to go out; to exit
verb	gusokora	1. to correct 2. to raise
verb	gusokoza	comb, to
verb	gusoma	1. to read 2. to kiss
verb	gusoma nturi	drown, to
verb	gusomborotsa	attack, to
verb	gusomora	dress a wound, to
verb	gusongora	cut to the point, to
verb	gusonza	hungry, to be
verb	gusoroma	pick, to
verb	gusoza	flavor, to have a good

110

parts of speech	Kirundi	english
verb	gusoza	1. to paddle 2. to row (boat)
verb	gusozera	complete, to
verb	gusubira	1. to go back 2. to return
verb	gusubira	repeat, to
verb	gusubiza	1. to give back 2. to put back
verb	gusuhuza	pay a visit to family of the deceased, to
verb	gusuka	pour, to
verb	gusukasuka	deceive others habitually, to
verb	gusukura	clean, to
verb	gusumira	apprehend, to
verb	gusunika	push, to
verb	gusunura	push violently, to
verb	gusunuza	overturn, to
verb	gusura	1. to spy on 2.to watch for
verb	gusurira	pass flatus, to
phrase	gususumira	hand tremor
phrase	gususuruka	warm, to be
verb	gusuzuma	1. to examine 2. to auscultate
verb	gusuzumana	examine one another, to
verb	gusya	grind, to
verb	guta	lose, to
verb	guta	1. to throw 2. to discard
verb	guta agati	refuse categorically
verb	guta amagi	lay eggs, to
verb	gutaba	level, to (terrain)
verb	gutabama	comfortably seated, to be
phrase	gutabara	help willingly, to
verb	gutabaza	call for help, to
verb	gutabira	fertilize, to
phrase	gutaha	home, to go
verb	gutahura	lengthen, to
verb	gutaka	shout for help, to
verb	gutakana	yell, to (pain, sorrow); to howl
verb	gutakaza	lose, to
verb	gutama	bleat, to
verb	gutama	grow old, to
verb	gutama (Ndatamye.)	overwork, to (I was fatigued.)
verb	gutambika	crosswise, to place
verb	gutambuka	1. to advance 2. to step
verb	gutamira	take a mouthful, to
verb	gutamya	worry, to

parts of speech	Kirundi	english
verb	**gutandukana**	1. to be different 2. to be distinct
verb	**gutandukana**	1. to disconnect 2. to part with
verb	**gutandukanya**	distinguish between, to
verb	**gutanga**	be ahead of, to
verb	**gutanga**	offer a gift, to
verb	**gutangarira**	admire, to
verb	**gutangatanga**	encircle, to
verb	**gutangaza**	1. to amaze 2. to astonish 3. to surprise
verb	**gutangira**	1. to block the passage 2. to cut off one's path 3. to hinder one from going
verb	**gutangura**	1. to begin 2. to commence
verb	**gutantamura**	rip, to
verb	**gutanya**	1. to detach 2. to separate
verb	**gutapfuna**	chew, to
verb	**gutarika**	suspend, to
verb	**gutata**	conflict, to be in
verb	**gutatuka**	agreement, to be in
verb	**gutazira**	thank, to
verb	**guteba**	1. to delay 2. to be late 3. to be tardy
verb	**gutebuka**	hurry, to
verb	**gutebukana**	bring quickly, to
verb	**gutega**	bet, to
verb	**gutega**	1. to impede 2. to trap
verb	**guteganya**	1. to anticipate 2. to plan
verb	**gutegeka**	1. to command 2. to order
verb	**gutegera**	understand, to
verb	**gutegereza**	wait, to
verb	**gutegura**	prepare, to
verb	**guteka**	cook, to
verb	**gutekereza**	mild, to be
verb	**gutemba**	1. to fall from a height 2. to flow
verb	**gutembera**	walk, to go for a
verb	**gutengengera**	produce abundantly, to
verb	**gutenyenya**	investigate, to
verb	**gutenzukirwa**	improve, to
verb	**gutenzura**	slacken, to
verb	**gutera**	antagonize
verb	**gutera**	bring about, to
verb	**gutera**	1. to cast 2. to fling
verb	**gutera**	plant, to
verb	**gutera igihusho**	error, to make an

112

parts of speech	Kirundi	english
phrase	**gutera igise**	make effort at childbirth
verb	**gutera ipasi**	iron, to
verb	**gutera isoni**	ashamed of, to be
verb	**gutera umugere**	kick, to
verb	**guterana**	meet, to
verb	**guteranya**	join, to
verb	**gutereka**	deposit, to
verb	**guterura**	rape, to
verb	**gutesha**	1. to deprive 2. to embarrass
verb	**gutetemera**	tremble from fever, to
verb	**gutetereza**	humiliate, to
verb	**gutikiza**	exterminate, to
phrase	**gutimba**	numb, to be
verb	**gutinya**	1. to be afraid 2. fear 3. to be timid
verb	**gutinyuka**	1. to dare 2. to be fearless
verb	**gutira**	borrow, to (money)
verb	**gutirigana**	dislocate one's joint, to
verb	**gutitura**	weaken, to
verb	**gutiza**	1. to lend 2. to loan
verb	**gutobekara**	contaminated, to be
verb	**gutobera**	pollute, to
verb	**gutobora**	pierce, to
verb	**gutona**	favorite, to be a
verb	**gutonekara**	hurt, to (another)
verb	**gutonganya**	chide, to
verb	**gutonora**	1. to husk 2. to shell
verb	**gutonyanga**	1. to drip 2. to trickle
verb	**gutora**	1. adopt (habit) 2. to choose 3. to find 4. to invite 5. to pick up
verb	**gutoranya**	distribute the inheritance, to
verb	**gutotera**	sprinkle, to
verb	**gutsinda**	1. to overcome 2. to defeat 3. to win
verb	**gutsindisha**	condemn, to
verb	**gutsitara**	stumble, to
verb	**gutuka**	1. to insult 2. to slander
verb	**gutukura**	blush, to
verb	**gutuma**	cause, to
verb	**gutuma, kurungika**	send, to
verb	**gutumba**	swell, to
verb	**gutumbagana**	swollen to be
verb	**gutumbereza**	arrange, to

parts of speech	Kirundi	english
verb	gutumira	invite, to
verb	gutuna	shrink, to
verb	gutunga	1. to own 2. to possess 3. to protect
verb	gutunga	rich, to be (to have many cows)
verb	gutuntura	grieve, to
verb	gutura	live at, to
verb	gutura	load, to put down
verb	gutura	offer a gift, to
verb	gutura amangati	belch, to
verb	gutura ubuku	scream, to
verb	guturagara	thunder, to
verb	guturika	blow up, to
verb	guturika	have a skin rash, to
verb	guturira	set fire, to
verb	guturumbuka	suddenly, to appear
verb	gutwara	carry, to
verb	gutwara	direct, to
verb	gutwara inda	pregnant, to be
verb	gutwenga	laugh, to
verb	gutwikira	disguise, to
verb	gutyara	sharp, to be
verb	gutyaza	sharpen, to
adv.	hafi	almost
adv. prep.	hafi	near
prep.	hagati	across (valley)
n. prep	hagati	1. between 2. in the center 3. middle
adv.	hampande	next to
adv.	hamwe	1. equally 2. even 3. same 4. together
adv.	hamwehamwe	sometimes
adv.	hano, ino, aha	here
adv.	hanyuma	1. afterward 2. later 3. then
adv.	hanze	1. out 2. outside 3. outside of
phrase	Hari...	There is...
adv.	hariya	over there
n.	hasi	1. floor 2. ground
adv., conj.	he, hehe, aho	where
adv.	hejuru	at the top
n.	hejuru	top (on the top)
adv.	hejuru, ruguru	above, on top of

114

parts of speech	Kirundi	english
adv. prep.	hepfo	below
interj.	Hinge!	Wait!
adj.	hino	side, on this
adv.	hirya	beyond
phrase	hirya y'ejo	day after tomorrow, the
phrase	hiyo	that side, on
phrase	Hoji!	Let's go!
adv.	hose	everywhere, throughout
n.	house	house (traditional)
n.	ibaba (pl. amababa)	wing
n.	ibabi (pl. amababi)	leaf
n.	ibagiro (pl. amabagiro)	butcher shop
n.	ibakure	bowl
n.	ibanga (pl. amabanga)	1. secret 2. mystery
n.	ibango	mark
n.	ibati (pl. amabati)	sheet metal
n.	ibatisimu	baptism
n.	ibavu (pl. amabavu)	blister
n.	ibendera (pl. amabendera)	flag
n.	ibere (pl. amabere)	breast
adv.	ibigirankana	intentionally
n.	ibihara	smallpox
n. med	ibinyoro	yaws
n.	ibiro	1. desk 2. office
n.	ibirori	celebration
n.	ibisuguti	cracker
n.	ibitoro	petroleum
n.	ibitwengo	laughter
n.	ibiyobezabwenge	drug (narcotic)
n.	ibumba	clay
adj. & n.	ibumoso	left
adv.	ibumoso	left, on the
n.	ibunduki	gun
n. & adj.	iburengerazuba	west
phrase	iburyo	right, on the
n.	ibuye (pl. amabuye)	stone
n.	icabona	witness
n.	icaduka (pl. ivyaduka)	accident
n.	icagiriza	proof

115

parts of speech	Kirundi	english
n.	icago	trouble, problem
n.	icambu	ford
n.	icana (pl. ivycana)	colt
n.	icanga	flavor
n.	icari (pl. ivycari)	nest
n	icayi	tea
n.	icehere (pl. ivyehere)	hole in clothes
n.	icema (pl. ivyema)	peanut
n.	icete	letter (as in, I wrote a letter to a friend.)
n.	iceyi	disgrace
n.	icibutso	reminder
n.	icicaro (pl. ivyicaro)	seat
n.	icirori	mirror
n.	icitegererezo	example
n.	iciyumviro	thought
n.	icizigiro	hope
n.	icobo	hole
n.	icubahiro	1. honor 2. respect
n.	icuma	1. iron (ore) 2. metal 3. tool made of metal
n.	icumba	room (in house)
n.	icumbi (pl. amacumbi)	1. dormitory 2. guest room
n.	icumi na babiri	twelve
n.	icumi na bane	fourteen
n.	icumi na batanu	fifteen
n.	icumi na batatu	thirteen
n.	icumi n'icenda	nineteen
n.	icumi n'indwi	seventeen
n.	icumi n'umunani	eighteen
n.	icumi n'umwe	eleven
n.	icumu	spear
n.	icumweru (umusi w'Imana)	Sunday
n.	icupa (pl. amacupa) {icupa ry'amazi}	bottle {a bottle of water}
n.	icuya	1. perspiration 2. sweat
n.	icyago (pl. ivyago)	accident
n.	idari	1. attic 2. ceiling
n	idini	religion
n.	idirisha (pl. amadirisha)	window
n.	idubu	bear (animal)
n.	iduka (pl. amaduka)	shop
n.	iduka (pl. amaduka)	store (shop)

parts of speech	Kirundi	english
n.	ifaranga (pl. amafaranga)	franc
n.	ifarashi (pl. amafarashi)	horse
n.	ifeza	silver
n.	ifi (pl. amafi)	fish
n.	ifira	mildew
n.	ifu; ubufu	flour
n.	ifuku (pl. amafuku)	mole
n.	ifuro	foam
n.	ifuro	froth, foam
n.	ifuti, ikosa (pl. amakosa)	error
n., med	ifyigo	kidney
n.	igabo	pride
n.	iganya (pl. amaganya)	anguish
n.	igera	fish-hook
n.	igera (pl. amagera)	hook
n.	igi (pl. amagi)	egg
n.	igice	1. chapter 2. division 3. part 4. piece 5. slice
n.	igiciro (pl. ibiciro)	1. cost 2. price
n.	igico	section
n.	igicu (pl. ibicu)	cloud
n.	igicugu	midnight
n.	igicumuro	sin
n.	igicumuro (pl. ibicumuro)	crime
n.	igifwera (pl. ibifwera)	snail
n.	igihagararo	height
n.	igihano	punishment
n.	igiharuro	number
n.	igihefo (pl. ibihefo)	mushroom
n.	igiheko (pl. ibiheko)	1. charm 2. amulet
n.	igihembo	1. pay 2. salary
n.	igihemu (pl. ibihemu)	dishonesty
n.	igihimbaro	pleasure
adj.	igihogo	brown
n. med	igihogohogo	esophagus
n.	igihombo (pl. ibihombo)	deficit
n.	igihozo (pl. ibihozo)	lullaby
n.	igihugu (pl. ibihugu)	country
n.	igihugu (pl. ibihugu)	rural
adj. & n.	igihumbi	thousand

parts of speech	Kirundi	english
phrase	igihumbu (pl. ibihumbu)	dishonest person
n.	igihuna (pl. ibihuna)	owl
n.	igihute	abscess
n., med	igihute (pl. ibihute)	boil (medical)
n.	igihuza (pl. ibihuza	fool
n.	igikaju (pl. ibikaju)	sugar cane
n. med	igikangaga	tapeworm
n.	igikara (pl. ibikara)	cheetah
n.	igikarabiro (pl. ibikarabiro)	basin (wash)
n.	igikere (pl. ibikere)	1. frog 2. toad
n.	igikiriza (pl. ibikiriza)	chest (body)
phrase	igikoko (pl. ibikoko)	wild animal
n.	igikombe	1. tin container 2. cup
n.	igikombe (pl. ibikombe)	can, tin
n.	igikomere (pl. ibikomere)	1. sore 2. ulcer 3. wound 4. injury
n.	igikoni (pl. ibikoni)	kitchen
n.	igikonjo (pl. ibikonjo)	wrist
n.	igikonyo	indifference
n.	igikororwa	1. phlegm 2. spit 3. sputum
n.	igikorwa (pl. ibikorwa)	1. action 2. task 3. deed
n.	igikumbi (pl. ibikumbi)	debris
n.	igikundiro	sympathy
adj. & n.	igikuri (pl. ibikuri)	dwarf
n.	igikwerere (pl. ibikwerere)	bachelor
n.	igipande	ticket
n.	igipfamatwi	deaf person
n.	igipfundikizo	stopper (in bottle), cork
n.	igipfundikizo (pl. ibipfundikizo)	cover
n.	igipfungo (pl. ibipfungo)	button
n.	igipfungu	fog
n.	igipfunsi (pl. ibipfunsi)	fist
n.	igisaga (pl. ibisaga)	excess, surplus
n.	igisagara (pl. ibisagara)	city
n.	igisaka (pl. ibisaka)	bush (thick)
n.	igise (pl. ibise)	ardor
n.	igise (pl. ibise)	childbirth
n., med	igisebe	ulcer (wound)
n.	igiseke (pl. ibiseke)	basket (tall pointed)
n.	igisenge	roof
n.	igishato c'ugutwi	earlobe

118

parts of speech	Kirundi	english
n.	igishishwa (pl. ibishishwa)	1. bark (tree) 2. peelings
n.	igishushanyo (pl. ibishushanyo)	image
n.	igisibo (pl. ibisabo)	absence
n.	igisiga (pl. ibisaga)	1. hawk 2. bird of prey
n., med	igisigo kirasohoka	have a prolapsed rectum, to
n.	igisimba (pl. ibisimba)	animal, ferocious
n.	igisokozo (pl. ibisokozo)	riddle
n.	igisozi	joint pains
n.	igisozo (pl. ibisozo)	blunder
n.	igisubizo (pl. ibisubizo)	response
n., med	igitabazi	pancreas
n.	igitabo	altar
n.	igitabo (pl. ibitabo)	book
n.	igitabu (pl. ibitabu)	notebook
n.	igitambara (pl. ibitambara)	cloth women wear (shoulder), shawl
n.	igitangaza (pl. ibitangaza)	1. marvel (f) 2. miracle
n.	igitangurirwa	spider
phrase	igitare	whiteness, dazzling
n.	igitebo	stretcher
n.	igitebo (pl. ibitebo)	raft
n.	igitega (pl. ibitega)	plain (near river)
n.	igitero (pl. ibitero)	assault
n.	igiti (pl. ibiti)	1. stick 2. tree
n.	igitiba (pl. ibitiba)	beehive (empty)
n.	igitigu	liver
n	igitoke (pl. ibitoke)	banana
adv. n.	igitondo	morning
n.	igitsina (pl. ibitsina)	trunk of a tree
n.	igitsintsiri (pl. ibitsintsiri)	heel
phrase	igitumbatumba	trunk of banana tree
n.	igitunguru (pl. ibitunguru)	onion
n.	igituntu	tuberculosis
n.	igitutsi	slander
n.	igitutu	shadow, shade
n.	igitwikirizo	veil
n.	igufa (pl. amagufa)	bone
n.	igufuri	padlock
n.	igunira (pl. amagunira)	1. bag 2. burlap
n.	ihadabu (pl. amahadabu)	fine (i.e. to pay a)
n.	ihaha (pl. amahaha)	lung
n.	iharifu (pl. amaharifu)	alphabet

119

parts of speech	Kirundi	english
adj. & n.	ihasa	twin
n.	ihembe	horn (of animal)
n.	ihero	end
n.	ihumbi (pl. amahumbi)	construction materials
n.	ihumure	comfort
n.	ihuriro (pl. amahuriro)	1. appointment 2. meeting place
n.	ihwa (pl. amahwa)	thorn
n.	ijambo (pl. amagambo)	word
adj. & n.	ijana	hundred (one hundred)
n.	ijeri (pl. amajeri)	cicada
n.	ijisho (pl. amaso)	eye
n., med	ijisho ry'ikirenge	ankle
n.	ijoro	night
n.	ijoro ryiza	good-night
n.	ijuru	1. heaven 2. sky
n.	ijwi	voice
n.	ijwi rerenga	voice, loud
n.	ikanda (pl. amakanda)	footprint
n.	ikanya (pl. amakanya)	fork
n.	ikanzu (pl. amakanzu)	1. dress 2. gown 3. robe
n.	ikara (pl. amakara)	1. charcoal 2. embers
n.	ikaramu	pencil
n.	ikarata (pl. amakarata)	map
n.	ikasikazi	north
adj.	iki	what
n.	ikibambazi	wall (exterior)
n.	ikibando (pl. ibibando)	crutch
n.	ikibarara	eggshell
n.	ikibariro (pl. ibibariro)	deadline
n.	ikibazo	question
n.	ikibengbenge	ray (of sun)
n.	ikibero (pl. ibibero)	thigh
n.	ikibibi	birthmark
n.	ikibindi (pl. ibibindi)	pot (water pot)
n.	ikibiriti	matches, box of
n.	ikibunda (pl. ibibunda)	puppy
n.	ikigagara (pl. ibigagara)	stretcher used to carry a corpse
n.	ikiganiro	conversation
n.	ikiganiro (pl. ibiganiro)	dialogue

120

parts of speech	Kirundi	english
n.	ikiganza (pl. ibiganza)	hand
n.	ikigega	storehouse
n.	ikigereranyo	1. comparison 2. pattern
adv.	ikigeretseko	furthermore
n.	ikigira cumi	tithe
n.	ikigirwamana	idol
n.	ikigohe (pl. ibigohe)	eyebrow
n.	ikigongwe (pl. ibigongwe)	1. forgiveness 2. mercy 3. pardon 4. pity
n.	ikigori (pl. ibigori)	1. maize 2. corn
n.	ikiguzi (pl. ibiguzi)	1. cost 2. price 3. fare
n.	ikiharage (pl. ibiharage)	bean
n.	ikijuju (pl. ibijuju)	idiot
n.	ikijumbu (pl. ibijumbu)	sweet potatoes
n.	ikimazi	sacrifice
n.	ikimenyetso (pl, ibimenyetso)	sign
n.	ikimoko (pl. ibimoko)	whip
n.	ikimuga (pl. ibimuga)	cripple
n.	ikinga (pl. amakinga)	bicycle
n.	ikintu	thing
n.	ikinure (pl. ibinure)	fat
n.	ikinya (pl. ibinya)	cramp
n.	ikinyabwoya (pl. ibinyabwoya)	caterpillar
n.	ikinyakabaka	kite (bird)
n.	ikinyigishi (pl. ibinyigishi)	gum
n.	ikinyobwa (pl. ibinyobwa)	drink
n.	ikinyugunyugu	butterfly
n.	ikiragamo (pl. ibiragamo)	dwelling place, house
n.	ikiragi (pl. ibiragi)	mute
n.	ikirago (pl. ibirago)	mat
n.	ikirahure (pl. ibirahure)	glass
n.	ikiraro (pl. ibiraro)	bridge
n.	ikirato (pl. ibirato)	shoe
n.	ikirego (pl. ibirego)	accusation
n.	ikiremo (pl. ibiremo)	patch
n.	ikiremwa (pl. ibiremwa)	creature
n.	ikirenge (pl. ibirenge)	foot
n.	ikirere	air
n.	ikiruhuko	1. respite 2. rest
n.	ikirunga (pl. ibirunga)	volcano
n. med	ikirungurira	esophageal reflux
n., med	ikirungurira, iseseme	nausea

parts of speech	Kirundi	english
n. med	ikirusu (pl. ibirusu)	epigastric hernia
n.	ikivange	mixture
n.	ikivi	moment
n.	ikivutu	crack (in skin of foot)
n.	ikivyarwa (pl. ibivyarwa)	illegitimate child
n., med	ikivyimba (pl. ibivyimba)	tumor
n.	ikiyaga (pl. ibiyaga)	1. ocean 2. sea 3. lake
n.	ikiyara	potato, white
n.	ikiyiko	spoon
n.	ikiza (pl. ibiza)	1. disaster 2. epidemic
n.	ikiziga (pl. ibiziga)	corpse
n.	ikizigira (pl. ibizigira)	humerus
n.	ikizira	taboo
phrase	ikofe	punch
n.	ikori	tax
n.	ikosa, ifuti	mistake
n.	ikusi	south
n.	Imana	God
n.	imbaraga	power (authority)
n.	imbaragasa	flea
n.	imbati	duck
n.	imbeba	1. mouse 2. rat
n.	imbeho	cold
adv.	imbere	1. in front of 2. inside
n.	imbga	dog
n.	imbgebge	1. fox 2. jackal
n.	imboga	vegetable
n.	imbogo	buffalo
n., med	imbone	pupil, (eye)
n.	imborewa	drunkard
n.	imbugita	knife
n. med	imburugu	gonorrhea
n.	imburungu	sphere
n.	imbuto	1. fruit 2. plant 3. seed
n.	imfungurwa	meal
n.	imfura	first-born
n.	imfuruka	1. angle 2. corner
n.	imfuvyi	orphan
n.	imfyisi	hyena
n.	imibembe	leprosy
n.	imico	1. character 2. mood

122

parts of speech	Kirundi	english
n.	imigabo	1. intension 2. preparation
n.	imikonyogo	green bean
n.	imodokari, umuduga (pl. imiduga)	automobile
n.	impaka	dispute
phrase	impamba	food for journey
n.	impamvu	1. cause 2. reason
n.	imparage	zebra
n.	impari	discussion
n.	impembo	wages
n.	impemu	breath
n.	impene	goat
n.	imperuka	end
n.	impeshi	dry season (short)
n.	impeta	ring
n.	impinga	peak (mountain)
n.	impongo	antelope
n	impumyi	blind person
phrase	impundu	1. cry of acclamation 2. cry shout of joy
n.	impundu	chimpanzee
n.	impungenge	vertigo
n.	impungu	eagle
n.	impururu	lasso
n.	impuzu	clothes
n.	imva	1. funeral mound 2. grave
n.	imvubu	hippopotamus
n.	imvugo	speech
n.	imvune	fracture
n.	imvura	rain
verb	imvura kugwa	rain, to
n.	inabi	evil
n.	inama	1. advice 2. agreement 3. council 4. advice
n.	inambu	appetite
n.	inanasi	pineapple
n.	inanga	harp
n.	incabiti, ikibezi	ax
n.	incungu	ransom
phrase	incuti wanje	my friend
n.	inda	1. abdomen 2. stomach
n.	inda	louse
n.	inda	pregnancy

parts of speech	Kirundi	english
n.	indagano	promise
n.	indahiro	oath
n.	indamukanyo	greetings
n.	indaro	lodging place
n.	indege	airplane
n.	indimiro	field
n.	indimu	lemon
n.	indinganizo	arrangement
n.	indirimbo	song
adj.	indobeke	different
n.	indobo	1. bucket 2. pail
n.	indogoba	donkey
n.	induru	cry
n., med	indurwe	bile
n.	indwara	1. illness 2. disease 3. sickness 4. malady
n	indya	1. nourishment 2. food
n.	indyarya	flattery
n.	ingabano, impano	gift
n.	ingabo	army
n.	ingafe	oar
n.	ingagi	gorilla
adj.	ingambarazi	disobedient
n.	ingamiya	camel
n.	inganji	power
n.	ingano	wheat
phrase	ingata	grass ring used to carry load
n.	ingazi	1. ladder 2. staircase
n.	ingemu	fee paid to witch doctor
n.	ingenzi	traveller
n.	ingeregere	1. small antelope 2. gazelle
n.	ingero	reward
n.	ingese	rust
n.	ingeso	1. habit 2. trait
n.	ingingo	decision (final)
n.	ingoga	1. eagerness 2. speed
n.	ingoma	drum
n.	ingona	crocodile
n., med	ingovyi	placenta
n	ingoyi	bonds
n.	inguge	ape
n.	ingurube	1. pork 2. hog 3. pig

124

parts of speech	Kirundi	english
n.	ingwa	chalk
n.	ingwe	leopard
n.	inka	cow
n., med	inkari	urine
n.	inkebe	beer (spoiled)
n.	inkende	monkey
adj.	inkerebutsi	skillful
n.	inkingi	1. pillar 2. post
n.	inkinzo	shield
n.	inkofero	hat
n.	inkoko	1. chicken 2. fowl 3. hen
n.	inkokora	elbow
n.	inkombe	1. coast (of river) 2. shore
n.	inkomezi	strength
n.	inkomoka	origin
n.	inkomoka, intanguro	beginning
n.med	inkomokomo	occiput
n.	inkondo	handle of cup, pail
n.	inkone	cane
n.	inkoni	walking stick
n., med	inkonyozi	kwashiorkor
n.	inkorora	cough
n.	inkota	sword
n.	inkovu	scar
n.	inkuba	thunder
n.	inkubi	storm
n.	inkuka	beach
n.	inkumi	1. girl (teenage) 2. young lady (unmarried)
phrase	inkungu	animal without horns
n.	inkura	rhinoceros
n.	inkurikizi	consequence
n.	inkuru	fame
n.	inkuruma	windstorm
n.	inkwano	dowry
n.	inkware	partridge
n.	inkweto	sandal
n.	innyo	anus
n.	ino (pl. amano)	toe
n.	inoni	snapping of the fingers
n.	inshi	slap

parts of speech	Kirundi	english
n.	inshumbushanyo	compensation
n.	insobanuro	explanation
n.	insukoni	fig
n.	insumano	groceries
phrase	intabarirwa	disobedient child
n.	intabire	fertilizer
phrase	intakonywa	stubborn person
n.	intama	sheep
n.	intama	sheep
n.	intambara	1. battle 2. strife 3. war
n., med	intandara	epilepsy
n.	intanguriro	beginning
n.	intara	region
n.	intare	lion
n.	intebe	1. bench 2. chair
n.	intege	knee, back of
n.	intege	1. strength 2. force
n.	integuza	forerunner
phrase	intere	dead-half
phrase	intoboro	hole, small (in an object)
n	intonga	basket, large
n.	intore	dancer
n.	intore	eggplant
n	intumwa	messenger
n.	intungano	domestic animals
n.	intwaro	weapon
n.	inuma	1. dove 2. pigeon
n.	inusu	half
n.	inyabubiri	couple
n.	inyama	flesh 2. meat 3. muscle
n.	inyana	calf (animal)
phrase	inyankamugayo	blameless person
n.	inyenyeri	star
n.	inyenzi	cockroach
n.	inyigisho	teaching, (lesson)
n.	inyishu	1. answer 2. payment
n.	inyizamvugo (inyizamvugo y'ikirundi)	dictionary (Kirundi dictionary)
n.	inyo	maggot
n.	inyondwi	tick
n.	inyongori	centipede
n.	inyoni	bird (small)

parts of speech	Kirundi	english
n.	inyonko	1. fever 2. malaria
n.	inyosha	suggestion
n.	inyota	thirst
n.	inyubako	building (construction)
n.	inyuguti	letter (of alphabet)
adv.	inyuma	1. behind 2. at the back
adv.	inyuma, hanyuma	after
n.	inyundo	hammer
n.	inyungu	gain
n.	inyungu	profit (increase)
n.	inzara	1. famine 2. hunger
n.	inzika	resentment, grudge
n.	inzimano	feast
n.	inzira	1. path 2. street 3. way (road)
n.	inzirikwa	flock (of sheep)
n.	inzoga	1. alcohol 2. beer
n.	inzogera	bell
n., med	inzoka	worm
n.	inzoka, ikiyoka	snake
n.	inzovu	elephant
n.	inzozi	dream
n.	ipamba (pl. amapamba)	cotton
n.	ipapayi	papaya
n.	ipasi	iron (for clothes)
n.	ipatalo (pl. amapatalo)	pants
n.	ipfa	greed
n.	ipfundo	knot
n.	ipiripiri	pepper
n.	ipuderi (pl. amapuderi)	powder
n.	irangi	color
n.	irangi	paint
n.	iraro	accommodations
n.	irembo (pl. amarembo)	1. entrance 2. gate
n.	iriba	well (ie. for water)
n.	irima	agriculture
n.	irivuga	verb
n.	irozari (pl. amarozari)	rosary
prep.	iruhande	1. beside 2. on the side of
n.	irungu	loneliness
n.	iryinyo (pl. amenyo)	tooth
n.	iryoya (pl. amoya)	feather

127

parts of speech	Kirundi	english
n.	isabuni	soap
n.	isaha	1. clock 2. hour
n.	isaha sita	noon
n.	isahane	plate
n.	isahani (pl. amasahani)	dish
n.	isaho	sack, bag
n.	isahu	plunder
n.	isake	rooster, cock (fowl)
n.	isambge	mongoose
n.	isandugu (pl. amasandugu)	1. chest (crate) 2. box
n.	isano	relationship
n.	isari	starvation
n.	isasa	tile (floor)
n.	isato	python
n.	isazi (pl. amasazi)	fly
n.	isefu	hiccup
n.	isekuro	mortar (for grinding)
n.	isenga	cave
n.	isenga (pl. amasenga)	cave
n.	isengesho	prayer
n.	isezerano	alliance
n.	ishaka	desire
n.	ishamba (pl. amashamba)	brush
n.	ishamba (pl. amashamba)	1. desert (ie. Sahara desert) 2. forest 3. jungle
n.	ishami (pl. amashami)	branch
n	ishamvu	1. land 2. property
n	ishanga	nation
phrase	isharara	thirst, excessive
n.	ishari	jealousy
n.	ishashara	wax
n.	ishati (pl. amashati)	shirt
n.	ishengero	1. crowd 2. crowd of followers
n.	ishetani	devil
n.	ishetani (pl. amashetani)	demon
n.	ishimwe	praise
n.	isho	herd
n.	ishuka (pl. amashuka)	sheet
n.	ishuli (pl. amashuli)	school
n.	ishuri (pl. amashuri)	bull
n.	ishurwe (pl. amashurwe)	flower

128

parts of speech	Kirundi	english
n.	ishusho	1. likeness 2. picture
n.	ishwabura	harvest
n.	ishwagara	lime (substance)
phrase	Ishwi!	Not at all!
n.	isi	world
n.	isigara (pl. amasigara)	cigar
n., med	isofisi	syphilis
n., med	isohoro	iliopsoas
n.	isoko	1. fountain 2. market
n.	isonga (pl. amasonga)	point
n.	isoni	1. bashfulness 2. shame
n.	isuguru	ram
n.	isuka (pl. amasuka)	hoe
n.	isukari	sugar
n.	isuku	cleanliness
n.	isumo (pl. amasumo)	waterfall
n.	isunzu (pl. amasunzu)	tuft of hair
n.	itabi	tobacco
n.	itabi (pl. amatabi)	cigarette
n.	itabuliyeri (pl. amatabuliyeri)	apron
n.	itafari	brick
n.	itako (pl. amatako)	buttock
n.	itama (pl. amatama)	cheek
n.	itanure	kiln
n.	itara (pl. amatara)	lamp
n.	itariki	date (in month)
n.	itegeko (pl. amategeko)	1. command 2. law 3. rule
n.	itegura	tile (roof)
n.	iteka	1. justice 2. prescription
n.	iteraniro	meeting
n.	itiro	sleep
n.	itonde	nostril
n.	itongo ry'abapfu	cemetery
n.	itonyanga (pl. amatonyanga)	drop
n.	itumba	rainy season
n.	ituro (pl. amaturo)	1. offering 2. present 3. gift
n.	ivatiri	car
n	ivi (pl. amavi)	knee
n.	ivu	1. earth 2. soil
n.	ivuka	birth
n.	ivuriro	health center

parts of speech	Kirundi	english
n.	ivuriro, ibitaro	hospital
n.	ivutu	terror
n.	ivyara	delivery (birth)
n.	ivyimburwa	crop (farming)
n.	ivyirori	glasses (eye)
n.	ivyondo, urwondo	mud
n.	iyinga	week
conj.	iyo, namba, ni iyaba	if
n.	izahabu	gold
n.	izamu	guard
n.	iziko, ifuro	fireplace
n.	izina	name
adj. & n.	izinamuhungu	male
n.	izinga (pl. amazinga)	island
n.	izosi (pl. amazosi)	neck
n.	izuba	sun
n.	izuka	resurrection
n.	izuru	nose
pronoun	jewe, jeho	I
adv.	juzi	day before yesterday
adv.	kabiri	twice
n.	kaburungu	period
adv.	kandi	then
adv.	kandi, na	also, again
conj.	kandi; uteko	and
phrase	Kangahe?	How many times?
interj.	Karabaye!	Enough!
adv.	kare	early
n.	karere	wilderness
phrase	Kaza!	Welcome.
adv.	kenshi	often
adv.	kera	ago, long
n.	kera	future
n., med	kimputo	recurrent fever
conj.	ko	since
adv.	ko, uko, ingene, nk'uko	as
adj.	ko, yuko	that
adv.	koko, bgite	indeed; in fact
prep.	ku	1. on 2. over
prep.	ku, kuri, i	1. to 2. at

parts of speech	Kirundi	english
verb	**kuba**	become, to
verb	**kuba ikirende**	congenial, to be
verb	**kuba maso**	alert, to be
verb	**kuba maso**	watch, to
verb	**kuba mu maraso**	menstruate, to
verb	**kuba, -ri, kumera**	be, to
verb	**kubabara**	suffer, to
phrase	**kubabarira**	1. to have pity for 2. to sympathize
verb	**kubaduka**	get up abruptly, to
verb	**kubaga**	1. to butcher 2. to operate (medical)
verb	**kubagara**	weed, to
verb	**kubaho**	live to
verb	**kubamba**	crucify, to
verb	**kubanda**	press, to
verb	**kubandanya**	continue, to
verb	**kubanga**	parallel, to be
verb	**kubangikana**	adjacent, to be
phrase	**kubangikanya ibikorwa bibiri**	do two things at a time, to
verb	**kubanguka**	1. to be active 2. to do in a hurry
verb	**kubangura**	relax, to
verb	**kubanuka**	slacken, to
verb	**kubanza**	1. to begin 2. to do first
verb	**kubanziriza**	precede, to
verb	**kubara**	tell, to
verb	**kubarira**	1. to mend 2. to sew
verb	**kubarira**	1. to say 2. to talk
verb	**kubariritsa**	inquire, to
verb	**kubasha**	able, to be
verb	**kubatiza**	baptize, to
verb	**kubaza**	1. to ask (question) 2. to interrogate 3. to request
verb	**kubaza**	1. to do carpentry 2. to polish wood
verb	**kubenga**	refuse to marry, to
verb	**kubenguka**	choose a spouse, to
verb	**kubenjuka**	1. to become pale 2. to fade
verb	**kubera**	1. to agree on 2. because of 3. to be suitable
verb	**kuberwa**	merit, to
verb	**kubesha**	lie, to
verb	**kubeshabesha**	tell small lies, to
phrase	**kubga**	sake of, for the

parts of speech	Kirundi	english
verb	kubiba	sow, to
verb	kubiha	1. to be bitter 2. to be sour
verb	kubihirwa	feel disgusted, to
verb	kubika	crow, to
verb	kubika	push away, to
verb	kubika	save, to
verb	kubikira	sing a lullaby, to
verb	kubingagira	obese, to be
verb	kubira icuya	1. to heavily perspire 2. to sweat
verb	kubira; gusebura	boil, to
verb	kubisa	allow to pass, to
verb	kubisikanya	cross,to
verb	kuboboka	full, to be (not hungry)
verb	kuboga	vomit mother's milk, to (baby)
verb	kubogoza	sob, to
verb	kuboha	1. to tie 2. to bind
verb	kubohoka	untied, to be
verb	kubohora	untie (animal), to
verb	kubomba	imbibe, to
verb	kubona, kuraba	see, to
verb	kuboneka	1. to appear 2. to be visible
verb	kubora	rot, to; to deteriorate
verb	kuborerwa	drunk, to be
verb	kuboyerwa	forget oneself, to
verb	kubuguza	collect, to
verb	kubumba	clay, to work with
verb	kubumbuka	blossom, to
verb	kubungabunga	care for, to (the sick)
verb	kubungirana	share with others, to
verb	kubura	1. to announce something 2. to lack
verb	kuburana	plead, to
verb	kuburanya	take a case to court, to
verb	kuburira	1. to foretell 2. to notify 3. prophesy 4. to warn
verb	kubuyabuya	anxious, to be
verb	kubuza	1. to prevent 2. to prohibit 3. to suppress 4. to hinder from getting to
verb	kudaga	enjoy oneself, to
verb	kudashoboka	impossible to do, to be
verb	kudedemba	delirious, to be
verb	kudedemvya	ask indiscrete questions, to

parts of speech	Kirundi	english
verb	kudegedwa	tremble with fear
verb	kudendekeranya	exonerate oneself, to
verb	kudengera	visit, to
n. med	kudidagira	palpitations, to have
verb	kudigadiga	tickle, to
verb	kudoda	tap, to (at the door)
verb	kudoha	fat, to become
verb	kudoma	1. to mark 2. to print
verb	kudonda	narrate, to
verb	kudondora	describe, to
verb	kuduga	1. to climb 2. to go up hill
verb	kudundumirwa	discouraged, to be
verb	kudundura	bulge, to
verb	kugaba	1. to command 2. to be ready
verb	kugabanuka	decrease, to
verb	kugabanya	divide, to
verb	kugabanya, kugabanuka	reduce, to; diminish, to
verb	kugaburira	feed, to
verb	kugaduka	die suddenly, to
verb	kugambanira	betray, to
verb	kugambarara	disobey, to
verb	kuganduka	1. to be obedient 2. to be submissive
verb	kugangara	growl, to
verb	kuganira	1. to chat 2. to converse with
verb	kuganuka	come home, to
verb	kuganya	1. to mourn 2. to be troubled
verb	kuganyira	moan continually, to; to complain continually
verb	kuganza	govern, to
verb	kugaragara	apparent, to be
verb	kugaragara	empty, to be
verb	kugaragura	palpate, to
verb	kugaruka	1. to come back 2. to return
verb	kugarukana	take part in, to
verb	kugarura	bring back, to
verb	kugasha	spoil, to (food)
verb	kugaya	1. to scorn 2. to despise
verb	kugegena	cut, to; carve, to
verb	kugena	determine, to
verb	kugenda	1. to go 2. to leave 3. to walk

parts of speech	Kirundi	english
verb	kugenda buje	return to one's mother's home after leaving one's spouse
verb	kugendagenda	go for a walk, to
verb	kugenyera	circumcise, to
verb	kugenzanya	look for faults in one another, to
verb	kugenzura	inspect, to
verb	kugera	arrive, to
verb	kugerageza	1. to attempt 2. to experience
verb	kugereka	add, to
verb	kugereranya	1. to compare 2. to estimate
verb	kugerura	shorten, to
verb	kugesa	harvest, to
verb	kugeza	1. to attempt 2. to make an effort 3. to test 4. to try
prep.	kugeza aho	until
verb	kugigimiza	1. to stammer 2. to stutter
verb	kugimba	fair, to try to be
verb	kugimira	stubborn, to be
verb	kugira	1. to do 2. to make 3. to have
phrase	kugira amazinda	forgetful, to be
verb	kugira intege	weak, to be
verb	kugira inyota	thirsty, to be
verb	kugira ishari	jealous, to be (in past)
verb	kugira ngo	suppose, to
verb	kugira ubwoga	fear, to have
phrase	kugira umwete	zeal, to have
verb	kugobera	1. to compel 2. to exert pressure 3. to insist
verb	kugodoka	1. to quit work for the day 2. to stop working
verb	kugogora	lose a lot of weight, to
verb	kugoka	bring disgrace, to
verb	kugoma	revolt against, to
verb	kugomba	want, to
verb	kugomera	dyke up, to
verb	kugora	1. to annoy 2. to trouble
verb	kugorama	crooked, to be
verb	kugoreka	curve, to
verb	kugoroba	evening, to become
verb	kugorora	straighten that which is bent, to
verb	kugororoka	1. to be right 2. to be straight (as in line)
verb	kugoyagoya	walk slowly, to

134

parts of speech	Kirundi	english
verb	kugoza	eat with seasoning, to
verb	kuguma	1. to be hard 2. to remain
verb	kuguma, guhama	stay, to; to remain
verb	kugumbaha	sterile, to be (infertile)
verb	kugumbira	hug, to
verb	kugumiriza	maintain, to
verb	kugumya	keep, to
verb	kugunga	cheat, to
verb	kugura	1. to buy 2. to sell
verb	kugurana	exchange, to
verb	kugurisha	peddle, to
verb	kugurugumba	blister, to
verb	kuguruka	fly, to
verb	kuguza	barter, to
verb	kugwa	fall, to
verb	kugwira	abundant, to be
verb	kugwiza	multiply, to
verb	kuja	go, to
verb	kuja mu butinyanka	have menstruation
verb	kuja mu gashitsi	shiver, to
verb	kujabuka	cross body of water
n., med	kujabuka	menopause
phrase	kujana	go with, to
verb	kujarajara	search in vain, to
verb	kujingitwa	exasperated, to be
verb	kujisha	knit, to
verb	kujobeka	soak, to (in water)
verb	kujorera	surprise, to
verb	kujorerwa	dumbfounded, to be
verb	kujujuta	1. to be foolish 2. to be stupid
verb	kujuragiza	work without respite, to
verb	kujwigira	1. to be hoarse 2. to squeak
interj.	Kuka!	Impossible!
adv.	kuki?	why?
conj.	kuko	because
verb	kukugunya	throw away, to
verb	kumanika	1. to hang up 2. to suspend
verb	kumanuka	descend, to; go down, to
verb	kumanura	lower, to
verb	kumara	finish, to
verb	kumaramara	1. to be confused 2. to be dismayed

135

parts of speech	Kirundi	english
verb	kumarwa	finished, to be
verb	kumata	1. to adhere 2. to become attached
adv.	kumbure, nkeka, yomba	maybe
adv.	kumburo, yomba	perhaps
verb	kumeca	crack, to
verb	kumena	break, to
verb	kumeneka	break, to
verb	kumenja	rebel, to
verb	kumenya	1. to be acquainted 2. to know 3. to recognize
verb	kumenyekana	known, to become
verb	kumenyera	accustomed, to be
verb	kumenyereza	1. to exercise 2. to get used to 3. to tame
verb	kumenyesha	1. to educate 2. to inform 3. to make known 4. to publish
verb	kumera	germinate, to
verb	kumesa	wash, to (clothes)
verb	kumesura	wash, to
verb	kumija	sprinkle, to
verb	kumimina	filter, to
verb	kumira	swallow, to
verb	kumota	smell good, to cause to
verb	kumugara	impotent, to be
verb	kumugara	paralyzed, to be
verb	kumwa	shave the head, to
verb	kumyira	wipe (child's) nose, to
verb	kumyora	gather, to
verb	kunaganura	exclude, to
verb	kunaganura	excommunicate, to
verb	kunamba	weight, to lose
verb	kunangira	make a lasso, to
verb	kunanirwa	1. to be fatigued 2. to be tired
verb	kunebagura	criticize, to
verb	kunebwa	lazy, to be
verb	kunega	spurt out, to
verb	kunegura	1. to blame 2. to make fun of
verb	kunengesera	filled to the brim, to be
verb	kunesha	1. to conquer 2. to defeat 3. to triumph
verb	kunezera	1. to make happy 2. to please
verb	kunezerwa	1. to be glad 2. to be happy 3. to rejoice
verb	kungana	equal, to be (age, size)

136

parts of speech	Kirundi	english
verb	kuniga	1. to choke 2. to grab by the neck 3. to strangle
verb	kuniha	1. to groan 2. to wail 3. to sigh
verb	kunina	proud, to be
verb	kunoba	peck, to
verb	kunonoka	1. to be comfortable 2. to be supple
verb	kunuka	stink, to
verb	kunuma	quiet, to be
verb	kununuza	suck, to
verb	kunya	have a stool (bowel movement), to
verb	kunyagirwa	drenched by the rain, to be
n., med	kunyaragura	polyuria
verb	kunyegera	penetrate, to
verb	kunyengera	affect, to
verb	kunyiganyiza	make the earth tremble, to
verb	kunyinyirwa	1. to frown 2. to grimace
verb	kunyinyura	smile, to
verb	kunyoganyoga	waddle, to
verb	kunyororwa	rumble, to (intestines)
verb	kunyunyuka	emaciated, to be
verb	kunyura	1. to come across, 2. to pass between
verb	kunyurana	1. to alternate 2. to bifurcate 3. to diverge
verb	kunywa	drink, to
verb	kunywa itabi	smoke, to
verb	kuraba	1. to dye 2. to paint
verb	kuraba	1. to faint 2. to wilt
verb	kuraba	look, to
verb	kurabagiza	illuminate, to
verb	kurabuka	regain consciousness, to
verb	kurabukwa	1. to behold 2. to notice 3. to see suddenly
phrase	kuraga	inheritance, to leave
verb	kuragana	1. to commit oneself 2. to marry
verb	kuragira	shepherd, to
verb	kuragura	mindreader, to be a
verb	kuragwa	inherit, to
verb	kurahira	vow, to, to swear (oath)
verb	kuraka	1. to get angry, 2. to get annoyed
verb	kurama	durable, to be
verb	kuramata	seize, to
verb	kuramba	live a long time, to

parts of speech	Kirundi	english
verb	**kurambirwa**	impatient, get
verb	**kuramukanya**	exchange greetings, to
verb	**kuramutsa**	greet, to (in a letter)
phrase	**kuramvura**	stretch out (arm), to
verb	**kuranga**	1. to announce 2. to indicate
verb	**kurangamira**	look into the air, to
verb	**kurangirira**	succeed, to
verb	**kurangurura**	raise the voice, to
verb	**kurangwa**	admirable, to be
verb	**kurara**	pass the night, to; to spend the night
verb	**kurarama**	1. to look up 2. to raise eyes
verb	**kurarika**	hire, to
verb	**kurasa**	1. to rise (sun) 2. to shoot an arrow
verb	**kuratsa**	irritate, to
verb	**kuravya**	flash lightning, to
verb	**kurazirana**	talk during one's sleep, to
adv.	**kure**	1. far 2. far away
verb	**kurega**	1. to accuse 2. to denounce
verb	**kuregura**	acquit someone, to
verb	**kurehura**	lengthen, to
verb	**kureka**	1. to cease 2. to stop
verb	**kureka**	1. to let 2. to permit
verb	**kurekura**	release, to
verb	**kurekurira**	forgive, to
verb	**kurekurirwa**	forgiven, to be
verb	**kurema**	create, to
verb	**kuremantanya**	do odd jobs, to
verb	**kurementanya**	evade, to
verb	**kuremera**	heavy, to be
verb	**kuremerwa**	pregnant, to be
verb	**kuremesha**	encourage, to
verb	**kuremvya**	weighed down, to be
verb	**kurenga**	1. to disappear 2. to exceed 3. to set (sun)
verb	**kurenguka**	1. to come running 2. to introduce oneself
verb	**kurera**	adopt (child)
verb	**kureremba**	float, to
n.	**kurerembuza**	glance
verb	**kuresha**	negotiate a marriage, to
verb	**kuribwa mu-nda**	have stomach pain, to

parts of speech	Kirundi	english
verb	kurigata	lick, to
verb	kuriha	amends, to make
verb	kurima	1. to cultivate 2. to dig 3. to hoe
verb	kurimbura	know, to
verb	kurinda	guard, to
verb	kurinda	must
verb	kurindira	reach, to
verb	kurindira	wait for, to
verb	kuringanira	1. to be equal (height) 2. to make equal
verb	kuringaniza	order, to put in
verb	kurira	1. to cry 2. to mourn 3. to weep
verb	kuririmba	sing, to
verb	kurisha	1. to graze 2. to pasture
verb	kuroba	fish, to
verb	kurobanura	select, to
verb	kuroga	1. to bewitch 2. to poison
verb	kurogoza	take a drink to prove a beverage is not poisoned, to
verb	kurokoka	recover, to (from illness)
phrase	kurombereza	go on further, to
verb	kurondera	1. to look for 2. to search 3. to seek
verb	kurondereza	frugal, to be
verb	kurondogora	pursue, to
verb	kurondoka	prolific, to be
verb	kuronka	1. to acquire 2. to find 3. to get 4. to obtain 5. to receive
verb	kuronsa	give in, to
verb	kurota	daydream, to
verb	kurota	dream, to
verb	kurotsa	submerge, to
verb	kuruha	tired, to be
verb	kuruhuka	rest, to
verb	kuruka	vomit, to
verb	kurunda	1. to accumulate 2. to heap 3. to pile up
verb	kurundarunda	1. to amass 2. to pile carefully
verb	kurungika	address, to 1. letter 2. speech
n. med	kurungurirwa	nausea, to feel
verb	kurura	bitter, to be
verb	kururumba	feverish, to be
verb	kurusha	better, to be
adv.	kuruta	better

parts of speech	Kirundi	english
verb	kuruta	surpass, to
verb	kurutanya	space out, to (ie. payments)
verb	kurwana	fight, to
verb	kurwara	1. to fall ill 2. to be ill 3. to be sick
verb	kurwara inyonzo	hunchback, to be
verb	kurwaza	1. to become ill 2. sick, to care for the
verb	kurya	1. to eat 2. to sting
verb	kuryama	1. to go to bed 2. to lie down
verb	kuryamika	put to bed, to
verb	kuryoha	delicious, to be
verb	kuryosha	make good, to
verb	kushigikiza	support, to
verb	kuva	1. to come from 2. to come out of 3. to leak
verb	kuva amaraso	1. to bleed 2. hemorrhage
verb	kuvana	take away, to
verb	kuvanga	1. to blend 2. to mix 3. to stir 4. to shake
verb	kuvangura	1. to clear up (sort out) 2. to separate
verb	kuvoma	1. to bring water 2. to draw from
verb	kuvovota	speak incoherently, to
verb	kuvuga	1. to talk 2. to speak
verb	kuvuguruza	contradict, to
verb	kuvuka	born, to be
verb	kuvukana	siblings, to be
verb	kuvuma	curse, to
verb	kuvumba	beg for a drink, to
verb	kuvuna	come to the aid of
verb	kuvuna	1. to defend 2. to forbid 3. to come to the aid of
verb	kuvunagura	break into bits
verb	kuvunda	sedentary, to be
verb	kuvunguka	crumble, to
verb	kuvungura	crush, to
verb	kuvunika umugongo	have back pain, to
verb	kuvunira akagohe	wink, to
verb	kuvunja	change money, to
verb	kuvura	treat (medical), to
verb	kuvuza ingoma	beat drum to
verb	kuvyara	birth, to give
verb	kuvyaza	childbirth, to aid one in
verb	kuvyimba	swell, to

parts of speech	Kirundi	english
verb	kuvyina	dance, to
verb	kuvyuka	1. to rise (from lying position) 2. to get up 3. to arise
n.	kuwa gatandatu	Saturday
n.	kuwa gatanu	Friday
n.	kuwa gatatu	Wednesday
n.	kuwa kabiri	Tuesday
n.	kuwa kane	Thursday
n.	kuwa mbere	Monday
verb	kuyaga	1. to animate (a conversation) 2. to chat
verb	kuyaga	melt, to cause to
verb	kuyenga	burn, to (food)
verb	kuyoba	1. to break the law 2. to make a mistake
verb	kuyobeza	mislead, to
verb	kuyobora	1. to drive 2. to show the way
verb	kuyoboza	make progress, to
verb	kuyogora	1. to bawl 2. to make noise
verb	kuyomboka	walk on one's tiptoes, to
verb	kuyonga	absorbed, to be
verb	kuyora	pick up, to
verb	kuyungubiza	eat like a glutton, to
verb	kuza	come, to
verb	kuzamuka	ascend, to
verb	kuzana	bring to
verb	kuzangazanga	dawdle, to
verb	kuzazanirwa	puzzled, to be
verb	kuzerera	1. to be homeless 2. to wander about
verb	kuzererwa	dizziness, to experience
verb	kuzibira	to obstruct 2. to stop up
verb	kuzibukira	1. to avoid 2. to duck
verb	kuzibura	unblock,to
verb	kuziga	think about, to
verb	kuzigama	save, to
verb	kuziganya	economical, to be
phrase	kuzima	go out (fire) , to
verb	kuzimana	feast, to give a
verb	kuzimba	1. to be expensive 2. to overcharge 3. to swindle
verb	kuzimira	1. to go astray 2. to be lost
verb	kuzimya	extinguish, to
verb	kuzimya umuriro	extinguish the fire, to

parts of speech	Kirundi	english
verb	kuzinda	escape the memory of, to
verb	kuzinduka	1. to get up early 2. to remember easily
verb	kuzinga	chase flies off the cows, to
verb	kuzinga	fold again, to
verb	kuzingira	wind, to
verb	kuzira	1. to be forbidden 2. to be taboo
verb	kuzirika	tie with a cord, to
verb	kuzirikana	1. to meditate 2. to ponder
verb	kuziririza	observe, to
verb	kuzirukanya	infringe, to
phrase	kuzitira	fence to protect, to
verb	kuzuka	1. to arise (from dead) 2. to be resurrected
verb	kuzungagiza	1. to agitate 2. to rock a baby
verb	kuzunguza umutwe	shake one's head in disgust, to
verb	kuzura	exhume, to
verb	kuzuyaza	lukewarm, to be
prep.	kwa	home
verb	kwaduka	appear suddenly
verb	kwaga	scratch lightly, to
verb	kwaga hasi	humiliate oneself, to
verb	kwagiriza	1. to accuse 2. to witness
verb	kwaguka	1. to be greedy 2. to be stretched
verb	kwahuka	begin work, to
verb	kwahukana	divorce, to
verb	kwaka	1. to burn 2. to demand 3. to reclaim 4. to shine
verb	kwakira	take the place of, to
verb	kwakura	signal to come, to
verb	kwama	bear fruit, to
verb	kwambara	1. to dress oneself 2. to wear
verb	kwambika	1. to clothe 2. to dress
verb	kwambira	1. to ferment 2. to leaven
verb	kwambuka	travel, to
verb	kwambura	clothes, to take off
verb	kwambutsa	exile, to
verb	kwamura	harvest, to (fruit)
verb	kwandama	start, to
verb	kwandama umuntu	annoy, to
verb	kwandara	convalesce, to
phrase	kwandarika	careless (with things) to be

142

parts of speech	Kirundi	english
verb	kwandaza	help a sick person to walk, to
verb	kwandika	write, to
verb	kwandukira	contagious, to be
verb	kwandukiza	transmit, to
verb	kwandura indwara	contract a contagious disease, to
verb	kwangaza	spread out, to
phrase	kwanikira	sun, to put out in
verb	kwanka	1. to detest 2. to hate 3. to oppose 4. to refuse
verb	kwanura	bring in from the sun, to
verb	kwarika	nest, to make
phrase	kwasama	open the mouth, to
verb	kwasamura	sneeze, to
verb	kwasana	shatter, to
verb	kwatira	1. to gorge oneself 2. to ordain
verb	kwatura	1. to articulate 2. to pronounce clearly
verb	kwatura	open up, to (flower)
verb	kwavura	crawl on all fours, to
verb	kwayaya	1. to neglect 2. to squander 3. to waste
verb	kwayura	yawn, to
verb	kwegeka	lean against, to
verb	kwegera	approach, to
phrase	kwegeranya	close together, to get (near)
verb	kwema	standing, to remain
verb	kwemera	1. to admit (confess) 2. to admit (into a place) 3. to assert 4. to be willing
verb	kwemera	1. to approve 2. to concur 3. to agree 4. to accept 5. to acknowledge
verb	kwemerana	confess, to
verb	kwenena	swing, to
verb	kwenga	beer, to brew
verb	kwengenga	gentle, to be
verb	kwera	ripen, to
verb	kwera	whiten, to
verb	kwereka	show, to
verb	kwererwa	successful, to be
verb	kwerura	shameless, to be
verb	kwiba	steal, to
verb	kwibabaza	agonize, to
verb	kwibagira	forget, to
verb	kwibaza	ask oneself, to
verb	kwibira	sink, to

parts of speech	Kirundi	english
verb	kwibuka	remember, to
verb	kwibumba	round, to be
phrase	kwibura	show oneself, to
verb	kwiburanya	reason, to
verb	kwiburuka	reappear at the surface of the water, to
verb	kwibutsa	remind, to
verb	kwica	kill, to
verb	kwica inyota	quench one's thirst, to
verb	kwicara	sit, to
verb	kwicura	dread, to
verb	kwidegemvya	freedom, to have
verb	kwifata	behave, to
verb	kwifuza	covet, to
verb	kwiga	1. to learn 2. to study
verb	kwigaba	independent, to be
verb	kwigamba	brag, to
verb	kwigana	imitate, to
verb	kwiganza	emancipated, to be
verb	kwigenga	mistrust, to
verb	kwigera	arrive at, to
verb	kwigisha	teach, to
verb	kwigumanya	behave with patience
verb	kwigunga	1. to do alone 2. to be selfish
verb	kwihambira	attach oneself to, to
verb	kwihana	converted, to be
verb	kwihana	repent, to
verb	kwihangana	patient, to be
verb	kwiheba	despair, to
verb	kwiherera	alone, to be
verb	kwihunrira	fall asleep, to
verb	kwihuta	hurry, to
verb	kwihweza	envision, to
verb	kwikingiriza	take shelter behind, to
verb	kwikira	intervene, to
verb	kwima	withhold, to
verb	kwimanura	drop, to
verb	kwimenyereza	practice, to
verb	kwimuka	move, to (dwelling)
verb	kwimura	move, to
verb	kwimyira	wipe one's nose, to
verb	kwinginga	beseech, to

parts of speech	Kirundi	english
verb	kwinjira	enter, to
verb	kwinonzora	slowpoke, to be a
verb	kwinyugunura	brush teeth, to
verb	kwipfuka	cover oneself, to
verb	kwipfuza	wish for, to
phrase	kwira	1. to get dark 2. to get late in the day 3. to be night
verb	kwirabura	black, to be
verb	kwiraburanirwa	waste away, to (from illness)
verb	kwirata	boast, to
verb	kwiraza	pass the night alone, to
verb	kwirega	confess, to
verb	kwirengagiza	1. to ignore someone 2. to procrastinate
verb	kwirengera	carry on one's head without using the hands
verb	kwirimbura	1. to consider 2. to weigh the pros and cons
verb	kwiroha	put into the water, to (in order to cross a river)
verb	kwirora	look at, to
verb	kwiruka	run, to
verb	kwishura	1. to pay debt 2. to respond
verb	kwishura, gusubiza	answer, to
verb	kwisukura	cleanse oneself
verb	kwita	name, to
verb	kwitaba	answer when called, to
verb	kwitako	devote oneself, to
verb	kwitegereza	reflect on, to (contemplate)
verb	kwitema	cut oneself, to
verb	kwitonda	calm, to be
phrase	kwitondera	1. to apply oneself 2. to pay attention 3. to obey
verb	kwitonganya	whisper, to
verb	kwitwaririka	worry about, to
verb	kwiyaga	scratch oneself, to
verb	kwiyegeranya	curl up. to
verb	kwiyica	commit suicide, to
verb	kwiyorobeka	hypocrite, to be
verb	kwiyorosha	humble, to be
verb	kwiyubara	beware, to
verb	kwiyuhagira	wash, to (body-self)
verb	kwiyuhagira; kwoga	bathe, to (oneself)

parts of speech	Kirundi	english
verb	kwiyuhira	drink from the hollow of one's hand
verb	kwiyumvira	think, to
verb	kwizera	1. to believe 2. to trust
verb	kwizigira	hope, to
verb	kwoga	swim, to
verb	kwoga	wash, (feet)
verb	kwokoka	regain, to
verb	kwomeka	stick to, to
verb	kwonda	thin, to become
verb	kwongera	augment, to
verb	kwonjorora	stop talking, to
verb	kwonka	suck, to
verb	kwonona	1. to damage 2. to spoil
verb	kwonsa	breast-feed, to
verb	kwonswa	lose weight, to
verb	kworekera	entice, to
verb	kworoha	1. to be easy 2. to be soft
verb	kworoherwa	improve, to (physically)
verb	kworosha	become softer, to
verb	kwosha	1. to influence 2. to tempt
verb	kwotsa	1. to bake 2. to broil
verb	kwubaha	1. to honor 2. to respect
verb	kwubahuka	bolder, to get
verb	kwubaka	1. build 2. to construct
verb	kwubika	turn upside down, to
verb	kwubika inda	prone position, to be in the
verb	kwubira	happen unexpectedly, to
verb	kwubuka	1. to discover 2. to run very fast
verb	kwugama	sheltered from the rain, to be
verb	kwuma	dry, to be
verb	kwumva	1. to comprehend 2. to understand
verb	kwumva	1. to hear 2. to smell
verb	kwumva (Numva ndwaye.)	feel, to (I feel bad.)
verb	kwumvira	obey, to
verb	kwumvirisa	1. to listen 2. to taste
verb	kwumya	dry out, to
verb	kwunama	1. to bow (head) 2. to stoop down
verb	kwunguka	1. to earn 2. to gain 3. to increase 4. to profit
verb	kwururuka	climb down, (tree), to
verb	kwuzura	1. to be full 2. to fill 3. to reconcile

parts of speech	Kirundi	english
n.	leta	administration
phrase	lower down	lower down
adv.	mahera	definitely
n.	mama	mother my
n.	mama wacu	aunt, my (mother's sister)
n.	mama w'umukondo	mother
n.	marere	finger, ring
n.	marume	uncle, my maternal
n.	masenge	aunt, my (father's sister)
adv.	mbere	formerly
prep.	mbere, imbere	before
phrase	Mfise...	I have...
n.	mirongumunani	eighty
n. & adj.	mirongwibiri	twenty
n.	mirongwicenda	ninety
adj. & n.	mirongwine	forty
adj. & n.	mirongwirindwi	seventy
adj. & n.	mirongwitandatu	sixty
adj. & n.	mirongwitanu	fifty
adj. & n.	mirongwitatu	thirty
interj.	Mpore!	Be careful!
n.	Mpwemu Yera	Holy Spirit
prep.	mu	1. in 2. into 3. out of 4. during
prep.	mu, muri	among
adv.	mugabo	1. however 2. nevertheless
n., med	mugiga	meningitis
n.	Mukakaro, kuwezi kwa ndwi	July
n.	mukundwa	dear
n.	mukuru	older brother of boy or older sister of girl
n.	mukurwawe	brother, my older (male talking)
adj. & n.	munani	eight
n.	Munyonyo, ukwezi kwa cumi na rimwe	November
n.	musazawe	brother, my older (female talking)
n.	mushiki	sister (boy's sister)

147

parts of speech	Kirundi	english
adv.	musi	underneath
adv. prep.	musi ya	beneath, under
pronoun	mwebge, mweho	you (plural)
n.	mwene	child of
n.	mwene data wacu	cousin, paternal
n.	Mwiriwe.	Good afternoon.
n.	mwishwa	nephew or niece
n.	Myandagaro, kuwezi kwa munani	August
adv.	na	as well
prep.	na	1. by (through)/ (near) 2. with
adv.	na ntaryo; imisi yose	always
adv.	nabi	badly
adv., conj.	naho	1. although 2. even if
adv.	nako	briefly
adv.	namba	not in the least
phrase	Nanje.	Me, too.
phrase	Nawe.	And you (plural).
phrase	Ndabigusavye.	Please.
phrase	Ndagenda...	I am going to...
phrase	Ndazi.	I know.
pronoun	nde	who
conj.	ndetse	except
adj. & n.	ndwi	seven
adj., adv.	neza	1. well 2. very 3. nicely
interj.	Ngwino!	Come here!
interj.	ni vyiza	good
verb	ni, -ri	are (to be)
phrase	Niko.	right., All
adv.	ningogo	soon
phrase	Nitwa... (Izina ryanje ni...)	My name is...
adv.	nka	about (approximately)
adj.	nka, bene	like
n.	nkumbaruboko	finger, index
phrase	non'aha	right now, right away
n.	nsumbazose	finger, middle
adv.	nta ho	never
adj & pr	nta, ata	1. none 2. not
n.	Ntwarante, ukwezi kwa gatatu	March

148

parts of speech	Kirundi	english
adv.	nubwo	besides
adv.	nuko	since
adv.	nuko rero	consequently
n.	Nyakanga, ukwezi kwa cenda	September
n.	nyamwero	albinos
n.	nyene	1. owner 2. self
phrase	nyina	mother, his/her
n.	nyogokuru	grandmother
phrase	nyoko	mother, your
n.	Nzero, ukwezi kwa mbere	January
adv.	n'ingoga	1. fast 2. quickly
phrase	N'uko.	That's right.
adj., adv.	oya (oyaye is emphatic)	no
n.	Pasika	Easter
conj.	rero	so
adv.	rimwe	once
adv.	rimwe na rimwe	sometimes
n.	Rusama, ukwezi kwa gatanu	May
n.	Rwirabura, ukwezi kwa gatandatu	June
adv.	rwose	1. absolutely 2. completely 3. totally 4. entirely
conj.	Ryari?	When?
interj.	Sabwe!	Here!
n.	sayiri	barley
n.	se	father (or respected elder)
conj.	shitsi	unless
n.	shobuja	master, your
phrase	si	is not
phrase	Sindabizi.	I don't know.
phrase	Sinumva.	I don't understand.
n.	so	father (your)
n.	sogokuru	grandfather
n.	sogokuruza	ancestor
phrase	S'inkuru mbwirano?	Is it true?
phrase	Tuzobonana...	See you...
pronoun	twebge, tweho	we, us
adv.	tyo	thus
n.	ubgambuzi	theft
adj.	ubgambuzi	thieving
n.	ubgana, ubwana	childhood

149

parts of speech	Kirundi	english
n.	ubgato	boat
n.	ubgenge	1. knowledge 2. wisdom
n.	ubgicanyi	murder
n.	ubgihisho	hiding place (secretly)
n.	ubgira	twilight
n.	ubgoko	1. kind (species) 2. tribe
n.	ubgwanwa	beard
adv.	ubu	1. currently 2. now
adv.	ubu nyene	immediately, right now
adv.	ubu nyene, non'aha	now, right
n.	ububasha	ability, (to have)
n.	ubucafu	dirtiness
n.	ubucumukure	distress
n.	ubudede	beads, large
n	ubugarariji	rebellion
n.	ubugari	width
n.	ubugenge	knowhow
n.	ubugingo	life
n	ubugorane	boredom
n.	ubugumba	sterility (barrenness)
n.	ubugunge	selfishness
n.	ubugurano	slavery
n.	ubuhabara	cohabitation
n.	ubuhambazi	severity
n.	ubuhanza	baldness
adv.	ubuheruka	finally
n.	ubuhiri (pl. amahiri)	club (stick)
n.	ubuhirwe (pl. amahirwe)	fun
n.	ubuhizi	courage
n.	ubuhumvyi	deceit
n.	ubuhungiro	refuge
n.	ubukene	1. need 2. poverty
n.	ubuki	honey
n.	ubukoko	animal
n.	ubukristo	Christianity
n.	ubukumi	young age of a girl
n.	ubukundanyi	kindness
n.	ubukunzi	charity
n.	ubukuru	importance
n.	ubukuru, zabukuru	age, old
n. med	ubukurugutwi	ear wax

150

parts of speech	Kirundi	english
n.	ubukwe	1. marriage 2. wedding
n.	ubulengeti (pl. amalengeti)	blanket
n.	ubumago	magic
n.	ubumenyi	acquaintance
n.	ubumote	fragrance
n.	ubumuga	1. paralysis 2. weakness
n.	ubumwe	unity
phrase	ubundi	time, at another
n.	ubunebge	laziness
n.	ubunini	size
n.	ubuntu	1. generosity 2. grace
n.	ubupfu	1. folly 2. ignorance
n	uburake	anger
n.	uburariro	supper
n.	uburebure	length (dimension, time)
n.	uburezi	education
n.	uburiba	weight
n., med	uburire	conjunctivitis
n.	uburiri (pl. amariri), igitanda (pl. ibitanda)	bed
n.	uburongo	clay
n.	uburozi	1. poison 2. witchcraft
n.	uburuhe	fatigue
n.	uburyarya	hypocrisy
n.	uburyo	1. manner 2. occasion 3. opportunity
adj. & n.	uburyo	right
adj & pr	ubusa	1. in vain 2. nothing
n.	ubusage	lock of hair
n.	ubuseruko	east
n.	ubushakanyi	lust
n.	ubushaza (no pl.)	pea
n	ubushe	burn
n.	ubushirukanyi	audacity
n.	ubushobozi	power (strength)
n.	ubushuhe	heat
n.	ubusore	youth
n.	ubusosa	delicious taste, a
n.	ubutekanyi	calm, quiet
n.	ubutinyanka	menstruation
n.	ubutoni	favoritism

151

parts of speech	Kirundi	english
n. med	ubutumbi	swelling
n.	ubutumwa	message
n.	ubutunzi	wealth
n.	ubutware	authority
phrase	ubuvuzi	medicine, practice of
n.	ubuzindutsi	memory
n.	ubwaku	mouth odor
n.	ubwami	kingdom
n.	ubwato (pl. amato)	canoe (dugout)
n.	ubwatsi	1. grass 2. straw (to cover a roof)
n.	ubwikunzi	self-respect
phrase	ubwirakabiri	eclipse of the sun
n.	ubwoba	phobia
n.	ubwoga	fear
n.	ubwonko	brain
n.	ubwoya	1. fur 2. hair (not human)
n.	ugutwi (pl. amatwi)	ear
n.	ukubamfu	hand, left
n.	ukuboko (pl. amaboko)	arm
n.	ukuguru (pl. amaguru)	leg
adv., conj.	ukundi	1. again 2. otherwise
adv.	ukuntu, ubugene	how (manner)
n.	ukuri 2. impamo	truth
n.	ukwaha	armpit
n.	ukwezi (pl. amezi)	1. month 2. moon
n.	ukwezi kwa kabiri, Nyamagoma	February
n.	ukwezi kwa kane; Ndamukiza; Kaboza-mbuba	April
n.	ukwezi kw'icumi na kabiri; Kigarama	December
n.	ukwizera	faith
adv. n.	umogoroba	evening
n.	umubabaro	1. pain 2. suffer physically or emotionally
n.	umubabaro, agahinda	grief
n.	umubaji (pl. ababaji)	carpenter
n.	umubangabanga	jaw
n.	umubanyi (pl. ababanyi)	neighbor
n.	umubeshi (pl. ababeshi)	liar
n.	umubimba (pl. imibimba)	green bean
n.	umubindi	water pot
n.	umubiri (pl. imibiri)	body

152

parts of speech	Kirundi	english
n.	umubirikira (pl. imibirikira)	funnel
n.	umubu	mosquito
n.	umucamanza	judge
n.	umucanka	gravel
n.	umuceri (pl. imiceri)	rice
n.	umuco (pl. imico)	1. light 2. troop or company
n.	umuco, inteko	group
n.	umucungwe (pl. amacungwe)	orange (fruit)
n.	umucuruzi	trader
n.	umufasha (pl. abafasha)	helper
n.	umuforoma (pl. abaforoma)	nurse (male)
n.	umuforomakazi (pl. abaforomakazi)	nurse (female)
n.	umufuko (pl. imifuko)	purse
n.	umufundi (pl. abafundi)	mason (skilled worker)
n.	umufutisho (pl. imifutisho)	medication for diarrhea
n.	umufyira	mold (botanical)
n.	umufyiri	black (color)
adj., n.	ubururu	blue (indigo)
n.	umugabane	portion
n.	umugabisha (pl. abagabisha)	1. leader 2. ruler (person)
n.	umugabo (pl. abagabo)	1. husband 2. man 3. married man
phrase	umugabo wanjye	my husband
n.	umugaga (pl. imigaga)	crack (fissure)
n.	umuganga (pl. abaganga)	doctor (academic, medicine)
n.	umugani (pl. imigani)	1. fable 2. parable 3. proverb 4. story
n.	umugano (pl. imigano)	1. bamboo 2. pipe (hose)
n.	umuganwa (pl. abaganwa)	1. chief 2. prince
n.	umugaragu (pl. abagaragu)	servant (male)
n.	umugarariji (pl. abagarariji)	insurgent
n.	umugayo	blame
n.	umugende (pl. imigende)	canal
n.	umugeni	bride
n., med	umugenza (pl. imigenza)	tibia
n.	umugenzi (pl. abagenzi) 2. incuti	friend
n.	umugenzo (pl. imigenzo)	custom
n.	umugera	sting (of bee)
phrase	umugere	kick
n.	umugisha	1. blessing 2. prosperity
n.	umugome	revolt
n., med	umugongo	back (of a person)
n.	umugore (pl. abagore)	1. wife 2. married woman

153

parts of speech	Kirundi	english
phrase	umugore wanjye	my wife
n.	umugorwa (pl. abagorwa)	miserable person
n.	umugozi (pl. imigozi)	1. cord 2. rope 3. string
n.	umugufu (pl. imigufu)	chain, small
n.	umugurano	slave
n.	umuguruka (pl. imiguruka)	husk
verb	umuguzi (pl. abaguzi)	buyer, purchaser
phrase	umuhambazi (pl. abahambazi)	1. harsh person 2. wicked person
n.	umuhamirizo (pl. imihamirizo)	dance
n.	umuhana	village
n.	umuhanuzi	prophet, seer
n.	umuharuro	road
n.	umuheshi (pl. abaheshi)	blacksmith
n.	umuheto (pl. imiheto)	1. arch 2. bow (as in arrow)
n.	umuhigi (pl. abahigi)	hunter
n.	umuhini	handle (of a hoe)
n.	umuhizi (pl. abahizi)	courageous person
n.	umuhogo	throat
adj. & n.	umuhondo	yellow
n.	umuhumure (pl. abahumure)	adult male
n.	umuhungo	flight
n.	umuhungu (pl. abahungu)	1. boy 2. son
verb	Umuhutu (pl. Abahutu)	Hutu (social class)
n.	umuhwere (pl. abahwere)	dying person
n.	umuja (pl. abaju)	servant (female)
n.	umujanama	steward
n.	umujinya (pl. imijinya)	temper, bad
n.	umujumpu	copper
n.	umukamakare (pl. abakamakare)	old woman
n.	umukanya	wrinkle
n.	umukate (pl. imikate)	bread
n.	umukecuru (pl. abakecuru)	woman (old)
n.	umukeke	rug
adj.	umukene (pl. abakene)	poor
n.	umukino (pl. imikino)	game
n.	umukiza	1. rescuer 2. savior
n.	umukobga (pl. abakobga); umwigeme	1. girl 2. daughter
n.	umukondo	umbilicus; navel
n.	umukororomvyi	rainbow
n.	umukozi (pl. abakozi)	1. employee 2. worker

154

parts of speech	Kirundi	english
n.	umukristo	Christian
n.	umukubuzo (pl. imikubuzo)	1. broom 2. brush
n.	umukuka (pl. imikuka)	spatula
n.	umukuku (pl. imikuku)	1. ditch 2. ravine
n.	umukungugu	dust
n.	umukuru (pl. abakuru)	1. adult male 2. elder
n.	umukwabu	scratch
n.	umukwe	bride-groom
n.	umumalayika (pl. abamalayika)	angel
n.	umumanuko (pl. imimanuko)	descent
n.	umumeshi	launderer
n.	umunago (p. iminago)	bud
n.	umunebge	lazy person
n.	umunezero	happiness
n.	umunezero	joy
n.	umuniho (pl. iminiho)	1. moaning 2. groan
n.	umunoho (pl. abanoho)	glutton
n.	umunoni (pl. iminoni)	grass bracelet
n.	umuntu (pl. abantu)	person
n.	umunwa (pl. iminwa)	lip
n.	umunyakazi, umukozi (pl. abakozi)	workman
n.	umunyamahanga (pl. abanyamahanga)	foreigner
n.	umunyamibembe	leper
phrase	umunyenkomezi	strong man
n.	umunyezamo	watchman
n.	umunyika	pool
n.	umunyororo (pl. abanyororo)	1. prisoner 2. chain 3. jail 4. prison
n	umunyu	salt
n.	umunzane (pl. iminzane)	balance (scale)
n.	umupadiri (pl. abapadiri)	priest
adj. & n.	umupagani	heathen
n.	umupanga (pl. imipanga)	machete
n.	umupfakazi	widow
n.	umupfumu	witch doctor
n.	umupira (pl. imipira)	1. rubber 2. sweater 3. ball
n.	umurango	daytime
n.	umuravyo	lightning
n.	umureberebe (pl. imireberebe)	leech
n.	umurezi (pl. abarezi)	accuser

155

parts of speech	Kirundi	english
n.	umurezi (pl. abarezi)	1. adopted father 2. guardian
n.	umurima	garden
n.	umurimo (pl. imirimo)	duty
n.	umurimyi (pl. abarimyi)	1. cultivator 2. farmer 3. gardener
n.	umurinzi (pl. abarinzi)	guard
n.	umuriro	1. fire 2. fever
n.	umurisho (pl. imirisho)	drum stick
n.	umurizo	tail
n.	umurongo (pl. imirongo)	1. alignment 2. verse 3. line 4. row
n.	umurongozi (pl. abarongozi)	guide
n.	umurovyi (pl. abarovyi)	fisherman
n.	umurozi (pl. abarozi)	witch
n.	Umurundi	Umurundi (person who lives in Burundi)
n.	umururazi (pl. imirurazi)	bitterness
adj. & n.	umurwayi	1. invalid 2. sick person
n	umurwaza (pl. abarwaza)	helper of the sick
n.	umuryango (pl. imiryango)	1. doorway 2. family
n.	umusahuzi (pl. abasahuzi)	bandit
n.	umusalani (pl. imisalani)	toilet
n.	umusambanyi	adulterer
n.	umusaraba (pl. imisaraba)	cross
n., med	umusarani, amavyi	1. stool 2. excrement 3. feces
adj.	umusarara (amazi y'umusarara)	clear (clear or pure water)
n.	umusaya	temple
n.	umusaza (pl. abasaza) 2. umutama	old man
n.	umusazi (pl. abasazi)	crazy person
n.	umusego (pl. imisego)	cushion
n.	umusego (pl. imisego)	pillow
n.	umuseke	dawn
n.	umusengezana	1. nephew 2. niece
n.	umusenyi	sand
n.	umuserebanyi (pl. imiserebanyi)	lizard
n.	umusezero	mat, small
n.	umusezi (pl. abasezi)	beggar
n.	umushashara	beeswax
n.	umushatsi	hair (of human)
phrase	umushiranzigo	kind person
n.	umushitsi	1. guest 2. visitor
n.	umushitsi	shiver
n.	umushoferi (pl. abashoferi)	driver

156

parts of speech	Kirundi	english
n.	umushumi (pl. imishumi)	leash
n.	umushundwe (pl. imishundwe)	tadpole
n.	umusi	day
n.	umusiba (pl. imisiba)	earthworm
n.	umusiguzi (pl. abasiguzi)	preacher
n.	umusinzi (pl. abasinzi)	bully
n.	umusipi	belt
n.	umusirigana (pl. abasirigana)	soldier
n.	umusokoni (pl. imisokoni)	fig tree
n., med	umusokoro	bone marrow
n.	umusonga	pneumonia
n.	umusore (pl. abasore)	young man, (unmarried)
n.	umusozi (pl. imisozi)	1. hill 2. mountain
n.	umusozo (pl. imisozo)	edge
n.	umusuku (pl. abasuku)	servant (male or female)
n.	umusuma (pl. abasuma)	1. robber 2. thief
n.	umusumari	1. nail (metal) 2. pin
n.	umusumbarembe (pl. imisumbarembe)	giraffe
n.	umusumbi	groin
n.	umusumeno	saw
n.	umuswa (pl. imiswa)	ant, white
n.	umutabazi (pl. abatabazi)	defender
phrase	umutara	1. shelter from rain 2. umbrella
n.	umutari	overwhelming sunshine
n.	umutasi	spy
n.	umutego (pl. imitego)	trap, snare
n.	umutemere (pl imitemere)	lid
n.	umutetsi (pl. abatetsi)	cook
n.	umuti (pl. imiti)	1. cure 2. medication 3. medicine 4. pill 5. remedy
n.	umutima (pl. imitima)	1. heart 2. spirit
n.	umutinyi (pl. abatinyi)	coward
n.	umutobe (pl. imitobe)	banana juice (unfermented)
n.	umutsi	nerve
n.	umutsima (pl. imitsima)	bread (african)
n.	umutugutu	orange (color)
n.	umutumba	trunk (of body)
n.	umutunzi	rich person
n.	Umututsi (pl. Abatutsi)	Tutsi (social class)
n.	umutwa	pygmy

parts of speech	Kirundi	english
n.	umutware (pl. amatware)	commander
n.	umutwaro	load
n.	umutwe (pl. imitwe)	head
n.	umutwenzi	dawn
n.	umuvo (pl. imivo)	channel
n.	umuvuba (pl. imivuba)	noise from (striking) a hammer
n.	umuvukanyi (pl. abavukanyi)	sibling
n.	umuvunyi (pl. abavunyi)	advocate
n	umuvyeyi (pl. abavyeyi)	parent
n.	umuvyiro	soot
n.	umuyaga	wind
n.	umuyaga nkuba	electricity
n.	umuzabibu (pl. imizabibu)	1. grape 2. vine
n.	umuzi (pl. imizi)	root
n.	umuzigo (pl. imizigo)	burden (figurative and literal)
n., med	umuzimbwe	anal chancre
n.	umuzimu (pl. abazimu)	ghost
n.	umuziro	wrong
n.	umuzukuruza (pl. abuzukuruza)	great grandchild
n.	umuzungu (pl. abazungu)	white person
n.	umwaga	harshness
n.	umwagazi	lamb
n.	umwaka (pl. imyaka)	year
n.	umwambaro (pl. imyambaro)	garment
n.	umwambiro	yeast
n.	umwambure (pl. abambure)	naked person
n.	umwami (pl. abami)	1. lord 2. king
n.	umwamikazi	queen
n.	umwampi (pl. imyampi)	arrow
n.	umwana (pl. abana)	1. baby 2. child
phrase	umwana wanje	my child
n.	umwana w'ikinege	child, only
n.	umwanda (pl. imywanda)	1. dirt 2. filth
n.	umwandu	inheritance
adj. & n.	umwansi (pl. imyansi)	1. enemy 2. adversary
n.	umwanya	1. distance 2. duration 3. space 4. time
n.	umwarimu (pl. abarimu)	teacher
n.	umwavu	garbage
n.	umwembe	mango (fruit)
n.	umwenda	debt

158

parts of speech	Kirundi	english
n.	umwengano	porridge
phrase	umweranda	person of good character
n.	umweruzi	impertinent
n.	umwete	1. activity 2. application 3. zeal
n.	umwicanyi	murderer
n.	umwidegemvyo	liberty, freedom
n.	umwidodombo (pl. imyidodombo)	grumbling
n.	umwifato (pl. imyifato)	behavior
n.	umwiga (pl. abiga)	apprentice
n.	umwighishwa (pl. abigishwa)	pupil (student)
n.	umwigisha (pl. abigisha)	1. professor 2. teacher
n.	umwikomo (pl. imyikomo)	1. discontentment 2. sadness
n.	umwimbe (pl. imyimbe)	hole (made by mouse or rat)
n. med	umwingo	goiter
n.	umwirabura (pl. abirabura)	black person
n.	umwiriri	nasal cartilage
n.	umwironge	whistle
phrase	umwiru (pl. imyiru)	queen bee
n.	umwiza	darkness
n.	umwizero (pl. imyizero)	beliefs (confidence)
n.	umwonga	valley
n.	umwononyi (pl. abononyi)	sinner
phrase	umworo	poor person
n.	umwotsi	smoke
n.	umwubatsi	builder
n.	umwuga (pl. imyuga)	trade
n.	umwuka	steam
n.	umwumbati (pl. imyumbati)	cassava
n. med	umwuna	epistaxis
n.	umwungere	shepherd
n.	umwungu (pl. imywungu)	1. pumpkin 2. squash (botanical)
n.	umwuzukuru (pl. abuzukuru)	grandchild
n.	umwuzure	flood
phrase	Untunge. (if interrupting); Umbabarire. (I'm sorry)	Excuse me.
phrase	Urakomeye?	How are you doing?
phrase	Urakoze.	Thank you.
phrase	Urazi.	You know.
prep.	uretse	excluding
n.	urubaho (pl. imbaho)	1. slate (to write on) 2. board (plank)
n.	urubanza	affair

parts of speech	Kirundi	english
n.	urubaraza	porch
n.	urubari	wire
n.	urubeya (pl. imbeya)	flame
n.	urubibe	limit
n.	urubiga (pl. imbiga)	edge
n.	urubingo (pl. imbingo)	reeds
n.	uruboho (pl. imboho)	packet
phrase	urubu	sour taste
n.	urubura	1. hail 2. snow
n.	urudubi	difficulty
n.	urufunzo	swamp, marsh
phrase	urugagama (pl. ingagama)	infant with congenital deformities
n.	urugamba	battlefield
n.	urugendo (pl. ingendo)	trip, journey
n.	urugero	measurement
n.	urugi (pl. ingi)	door
n.	urugiga (pl. ingiga)	log
adj. & n.	urugina	red
n.	urugingo	joint (anatomy), articulation
n.	urugo (pl. ingo)	enclosure
n.	urugohe (pl. ingohe)	eyelash
n.	urugori (pl. ingori)	crown
n.	uruguha (pl. inguha)	cattle tick
n.	uruguma (pl. inguma)	cut (wound)
n., med	uruhago	bladder
n.	uruhande	side
n.	uruhanga	forehead
n.	uruhekenyero	jaw
n.	uruhererezi	finger, little
n.	uruhigi	hunt
n.	uruhinja (pl. impinja)	baby (newborn)
n.	uruhome	wall
n. med	uruhorihori	fontanel
n.	uruhusha	1. permission 2. vacation
phrase	urukaratasi	sheet of paper
n., med	urukebu	stiff neck
n.	urukenyerero	waist
n.	urukiko	1. court 2. judgement
n.	urukizi	sorrow, major
n.	urukumu	thumb

160

parts of speech	Kirundi	english
n.	urukundo	1. affection 2. love
n.	urukwavu (pl. inkwavu)	rabbit
n.	urukwavuz	hare
n.	urukwi (pl. inkwi)	firewood
n.	urume	dew
n.	urumuri	torch
n.	Urundi	Burundi
n.	urunyago	spoils
n.	urunyanya (pl. inyanya)	tomato
n.	urunyuzi	thread
n.	urupaparo	1. paper 2. page
n.	urupfu	death
n.	urupfu (pl. impfu)	dead person
n.	urupfunguzo (pl. inpfunguzo)	key
n., med	urura rw'amase	bowel, large
n. med	urura rw'amata	intestine, small
n.	ururasago	incision
n.	ururimi	1. language 2. tongue
n.	ururo	millet
adj.	urusago	temporary
n.	urusago (pl. insago)	shelter
n.	urusagusagu (pl. insagusagu)	chin
n.	urusaku	1. curiosity 2. gossip
n.	urusato	skin
n.	urusenga (pl. insenga)	1. fishing net 2. net
n.	urusengero	church (building)
n.	urushi (pl. amashi)	palm of hand
n.	urushinge (pl. inshinge)	needle
verb	urushinge, guterwa	injection, to receive an
n.	urusika (pl. insika)	partition
n.	urusokozo (pl. insokozo)	comb
n.	urusumanyenzi	abyss into which one throws criminals (especially young women who smear a family's reputation)
n.	urusumanyenzi	pit
n.	urusyo	grinding stone
n.	urutare	rock
n.	urutete (pl. intete)	grain
n.	urutoke (pl. intoke)	finger
n.	urutozi (pl. intozi)	ant, red
n.	urutuga (pl. intuga)	shoulder

parts of speech	Kirundi	english
n.	uruvo	chameleon
n.	uruwe	sleeping sickness
n.	uruyige (pl. inzige)	locust
n.	uruyoya (pl. inzoya), uruhinja (pl imhinja)	infant
n.	uruyuki (pl. inzuki)	bee
n.	uruzabibu	vineyard
n.	uruzi (pl. inzi)	1. stream 2. small river
n.	uruzingo (pl. inzingo)	sick child
n.	uruzitiro (pl. inzitiro)	1. fence 2. hedge
n., med	uruzogi	umbilical cord
n.	urwamo	noise
n.	urwamo (pl. inzamo)	racket (noise)
n.	urwangara	negligence
n.	urwanko	antipathy
n.	urwara (pl. inzara)	1. claw 2. fingernail 3. hoof 4. toenail
n	urwarwa	banana, beer
n.	urwavya	pot (small clay)
n.	urwego	purpose
n.	urwembe	razor
n.	urwiba	oversight (omission)
n.	urwihangane	patience
n.	urwirungu	1. haze 2. mist
n.	urwitwazo	1. excuse 2. pretext
adj.	uyu	this
pronoun	uyu	this, that
adv.	uyu musi	today
adv.	vuba	1. quickly 2. recently 3. soon
phrase	vuba vuba	very fast
adv.	vubaha	lately
pronoun	we	him
adj & pr	we, -iwe	her
pronoun	we, weho	1. he 2. she
pronoun	wewe, weho	you (singular)
phrase	Witwa nde?	What is your name?
adv.	yamara	however
n.	Yesu	Jesus
n.	zero	zero

162

Kirundi pronunciation key

vowels	A is pronounced as "a" as in car
	E is pronounced as "a" as in say
	I is pronounced as "ee" as in see
	O is pronounced as "o" as in close
	U is pronounced as "oo" as in snoop
consonants	Q and X do not exist
single consonants	B is pronounced softer than in english
	C is pronounced as "ch" as in birch
	J is pronounced as "j" as in jar
	K is pronounced as "k" as in kite
	N is pronounced as "n" as in sing unless before g or k; then pronounced more nasally
	P is used as mp or pf, both pronounced as "mp" in jump
	R and L pronounced as something between both letters. L is rarely used
	As in english use: d, f, g, h, m, n, s (but never like a z), t, v, w, y (rarely as a vowel), and z
consonant groups	sh is pronounced as "sh" as in shoot
	bw is pronounced as in ubgoba (written as ubwoba)
	rw is pronounced as in Gwanda (written as Rwanda)
	ny is pronounced nasally as "n" in onion

Kirundi Noun Prefixes

singular prefix	plural prefix	singular example	plural example	english meaning
umu	aba	umusaza	abasaza	old man, old men
umu	imi	umusozi	imisozi	hill, hills
in	in	inka	inka	cow, cows
iki	ibi	ikirenge	ibirenge	foot, feet
i	ama	ijoro	amajoro	night, nights
uru	in	urugi	ingi	door, doors
aka	utu	akayabo	utuyabo	cat, cats
ubu	ama	uburiri	amariri	bed, beds
uku	ama	ukuguru	amaguru	leg, legs
aha	aha	ahantu	ahantu	place, places
umw	ab	umwigisha	abigisha	teacher, teachers
umw	imy	umwaka	imyaka	year, years
iny	iny	inyota		thirst
ic	ivy	icago	ivyago	tragedy, tragedies
iry	am	(no singular)	amaraso	blood
urw	iny, inz	urwara	inzara	claw, claws
ak	utw	akaruza	utwaruza	creeping plant (s)
ubw	am	ubwoko	amoko	clan, clans
ukw	am	ukwezi	amezi	moon, moons
ah	ah	ahantu	ahantu	place, places

Sentence deconstruction

Kirundi sentence

Kera Abarundi bari bafise inganzo aho bakura amabuye yitwa ubutare.

Kera: defined as "in the past", this word is invariable.

Abarundi: aba is the plural prefix of rundi defined as "a resident of Burundi".

Bari: third person plural, present tense of the verb kuba defined as "to be".

Bafise: third person plural, present tense of verb kugira defined as "to have".

Inganzo: a noun defined as "mine".

Aho: an invariable word defined as "where".

Bakura: third person plural, present tense of verb gukura defined as "to take away or extract".

Amabuye: plural of the noun defined as "stone" (singular is ibuye).

Yitwa: third person present of the verb kwita defined as "to be called" (as in name).

Ubutare: noun defined as "the mineral of iron". There is no plural.

English translation

In the past the Burundian people had a mine where they extracted (something called) iron from a stone.

This exercise illustrates the complexity of the Kirundi language. Most verbs start with gu, ku or kw. One can usually determine the root of the verb by removing the first couple letters of the word. One can look up the noun by looking at the table of noun prefixes and deduce whether this is singular or plural. This dictionary lists the nouns in the singular form. There are some invariable words but usually they have various definitions depending on the context of their use. Thus, this dictionary will give you help in speaking and understanding Kirundi, but one would not expect to learn the intricaeies of this language with this dictionary alone.

Kirundi Verb Conjugation

	1st person singular	2nd person singular	3rd person singular	1st person plural	2nd person plural	3rd person plural
to be KUBA present	ndi	uri	ari	turi	muri	bari
past	nari	wari	yari	twari	mwari	bari
future	nzoba	uzoba	azoba	tuzoba	muzoba	bazoba
to beat GUKUBITA Present	ndakubita	urakubita	arakubita	turakubita	murakubita	barakubita
past	narakubise	warakubise	yarakubise	twarakubise	mwarakubise	barakubise
future	nzokubita	uzokubita	azokubita	tuzokubita	muzokubita	bazokubita
to believe KWIZERA present	ndizera	urizera	arizera	turizera	murizera	barizera
past	nizeye (narizeye)	wizeye (warizeye)	yizeye (yarizeye)	twizeye (twarizeye)	mwizeye (mwarizeye)	bizeye (baraziye)
future	nzokwizera	uzokwizera	azokwizera	tuzokwizera	muzokwizera	bazokwizera
can GUSHO-BORA present	ndashobora	urashobora	arashobora	turashobora	murashobora	barashobora
past	narasho-boye	warasho-boye	yarasho-boye	twarasho-boye	mwarasho-boye	barasho-boye
future	nzoshobora	uzoshobora	azoshobora	tuzoshobora	muzoshobora	bazoshobora
to come KUZA present	ndaje	uraje	araje	turaje	muraje	baraje
past	nje (naraje)	uje (waraje)	aje (yaraje)	tje (twaraje)	mje (mwaraje)	bje (baraje)
future	nzoza	uzoza	azoza	tuzoza	muzoza	bazoza
to die GUPFA present	ndapfa	urapfa	arapfa	turapfa	murapfa	barapfa
past	naraphuye	warapfuye	yaraphuye	twarapfuye	mwarophuye	barapfuye

166

	1st person singular	2nd person singular	3rd person singular	1st person plural	2nd person plural	3rd person plural
future	nzopfa	uzopfa	azopfa	tuzopfa	muzopfa	bazopfa
to drink **KUNYWA** present	ndanywa	uranywa	aranywa	turanywa	muranywa	baranywa
past	naranyoye	wanyoye	yanyoye	twanyoye	mwanyoye	banyoye
future	nzonywa	uzonywa	azonywa	tuzonywa	muzonywa	bazonywa
to eat **KURYA** present	ndarya	urarya	ararya	turarya	murarya	bararya
past	nariye	wariye	yariye	twariye	mwariye	bariye
future	nzorya	uzorya	azorya	tuzorya	muzorya	bazorya
to go **KUGENDA** present	ndagenda	uragenda	aragenda	turagenda	muragenda	baragenda
past	nagiye	wagiye	yagiye	twagiye	mwagiye	bagiye
future	nzogenda	uzogenda	azogenda	tuzogenda	muzogenda	bazogenda
to have **KUGIRA** present	mfise	ufise	afise	dufise	mufise	bafise
past	narimfise	warufise	yarafise	twaridufise	mwarimufise	baribafise
future	nzogira	uzogira	azogira	tuzogira	muzogira	bazogira
to know **KUMENYA** present	ndazi	urazi	arazi	turazi	murazi	barazi
past	namenye	wamenye	yamenye	twamenye	mwamenye	bamenye
future	nzomenya	uzomenya	azomenya	tuzomenya	muzomenya	bazomenya
to open **GUPFUNDU RURA** present	ndapfun-durura	urapfun-durura	arapfun-durura	turapfun-durura	murapfun-durura	barapfun-durura
past	narapfun-duruye	warapfun-duruye	yarapfun-duruye	twarapfun-duruye	mwarapfun-duruye	barapfun-duruye
future	nzopfun-durura	uzopfun-durura	azopfun-durura	tuzopfun-durura	muzopfun-durura	bazopfun-durura

167

	1st person singular	2nd person singular	3rd person singular	1st person plural	2nd person plural	3rd person plural
to pray GUSABA present	ndasaba	urasaba	arasaba	turasaba	murasaba	barasaba
past	narasavye	warasavye	yarasavye	twarasavye	mwarasavye	barasavye
future	nzosaba	uzosaba	azosaba	tuzosaba	muzosaba	bazosaba
to put GUSHIRA present	ndashira	urashira	arashira	turashira	murashira	barashira
past	nashize	washize	yashize	twashize	mwashize	bashize
future	nzoshira	uzoshira	azoshira	tuzoshira	muzoshira	bazoshira
to read GUSOMA present	ndasoma	urasoma	arasoma	turasoma	murasoma	barasoma
past	narasomye	warasomye	yarasomye	twarasomye	mwarasomye	barasomye
future	nzosoma	uzosoma	azosoma	tuzosoma	muzosoma	bazosoma
to say KUVUGA present	ndavuga	uravuga	aravuga	turavuga	muravuga	baravuga
past	naravuze	waravuze	yaravuze	twaravuze	mwaravuze	baravuze
future	nzovuga	uzovuga	azovuga	tuzovuga	muzovuga	bazovuga
to see KUBONA present	ndabona	urabona	arabona	turabona	murabona	barabona
past	nabonye	wabonye	yabonye	twabonye	mwabonye	babonye
future	nzobona	uzobona	azobona	tuzobona	muzobona	bazobona
to send GUTUMA present	ndatuma	uratuma	aratuma	turatuma	muratuma	baratuma
past	naratumye	waratumye	yaratumye	twaratumye	mwaratumye	baratumye
future	nzotuma	uzotuma	azotuma	tuzotuma	muzotuma	bazotuma
to sit down KWICARA present	ndicara	uricara	aricara	turicara	muricara	baricara
past	naricaye	ularicaye	yaricaye	twaricaye	mwaricaye	baricaye
future	nzokwicara	uzokwicara	azokwicara	tuzokwicara	muzokwicara	bazokwicara

	1st person singular	2nd person singular	3rd person singular	1st person plural	2nd person plural	3rd person plural
to sleep **GUSIN-ZIRA** present	ndasinzira	urasinzira	arasinzira	turasinzira	murasinzira	barasinzira
past	narasin-ziriye	warasin-ziriye	yarasin-ziriye	twarasin-ziriye	mwarasin-ziriye	barasin-ziriye
future	nzosinzira	uzosinzira	azosinzira	tuzosinzira	muzosinzira	bazosinzira
to take hold of **GUFATA** present	ndafata	urafata	arafata	turafata	murafata	barafata
past	narafashe	warafashe	yarafashe	twarafashe	mwarafashe	barafashe
future	nzofata	uzofata	azofata	tuzofata	muzofata	bazofata
to write **KWAN-DIKA** present	ndandika	urandika	arandika	turandika	murandika	barandika
past	naranditse	waranditse	yaranditse	twaranditse	mwaranditse	baranditse
future	nazokwan-dika	uzokwan-dika	azokwan-dika	tuzokwan-dika	muzokwan-dika	bazokwan-dika

Made in the USA
Las Vegas, NV
26 January 2024

84889659R00095